이렇게 기도하라

三浦綾子 / 박천일 옮김

지성문화사

책 머리에

　이 책을 쓴 미우라 아야꼬(三捕綾子)는 새삼 소개할 필요가 없을 만큼 우리에게 너무나도 잘 알려진 작가이다.

　왜 그녀의 작품은 출간될 때마다 베스트 셀러가 되는가? 그의 작품 속에서는 통속적인 구성도, 관능을 자극하는 사건도, 비상한 단어로 엮는 터무니없는 픽션의 나열 같은 것들을 거의 찾아볼 수가 없지 않은가?

　그녀는 평범한, 너무도 평범한 얘기를 쓰고 있다. 그의 가슴속에 뜨겁게 품고 있는 삶의 생생한 의미들, 여름의 태양에 찬란히 반짝이는 초목들의 생생함과 저문 가을에 아스팔트 위로 굴러 떨어진 낙엽의 비애를 엮어 간다. — 그것도 현실성의 강렬한 신뢰를 두 손에 불끈 쥐고 가을비에 비참히 밟힌 낙엽 깔린 거리를 내딛고 있는 것이다.

　그녀의 작품 속엔 생명의 신비가 있다. 그리고 그 베일을 하나하나 벗겨 가는 과정에서 자신을 발견케 하는 경이로운 사건이 일어난다. 곧 인격적인 변화가 있다. 그리고 영원을 추구하게 하고 현실을 아름답게, 조화 있게 한다 ─ 이것이 곧 믿음의 길이다.

「이렇게 기도하라」는 그녀의 글은 작품이라기보다는 그녀의 생활을 영위하는 수단으로서, 하나님을 발견하는 과정에서부터 시작하여 하나님과의 대화의 결실로 연결되어진다.

사면이 막혀지고 인생이 좌절의 막바지에 올 때, 생의 골짜기 앞에 선 가녀린 인간, 그리고 일하고 뛰고 추구하는 강직한 인간들, 자연을 찬미하고 이성의 아름다움을 구가하는 젊은이들, 무지개를 쳐다보며 노아의 얘기를 사랑하는 동심들 ─ 이들에게, 하나님이 사랑하는 자녀들에게 이 책은 커다란 의미를 주고 있다. 잉태의 의미를, 성장의 의미를, 슬픔의 의미를, 환희의 의미를, 세월의 의미를, 죽음의 의미를 ─ 그리고 생명, 그것도 영원한 생명의 의미를 던져 주는 것이다.

그래서 저자는 이 책을 "하나님과 연결하는 사닥다리"라고 했다.

나와 나의 아내는 이 책에서 한동안 감동의 희열에 빠졌다. 그리고 사랑의 기쁨을 찬미했다.

이 책은 영원을 사랑하고 생명을 소중히 여기는 사람들에게 주로 값비싼 선물이 될 것임을 나는 확신한다.

옮긴이

차 례

제 1 장

기도의 자세

너는 기도할 때에 네 골방에 들어가
문을 닫고, 은밀한 중에 계신 네 아버
지께 기도하라. 은밀한 중에 보시는 네
아버지께서 갚으시리라.

「마태복음」 제6장 6절

어떤 때에 인간이 가장 아름답다고 할 수 있을까?

이마에 땀을 흘리며 열심으로 일하는 모습도 아름답다. 젖먹이 아이를 안고 있는 어머니도 아름답다. 노인을 돌보고 있는 젊은이도 아름답다.

그러나 나는 지금, 초등학교 6학년 무렵에 읽은 이야기의 한 장면을 연상한다. 그 소설의 제목도 작자도 잊어버렸지만 내용은 분명히 '아마구사(天草)의 난(亂)'에 대한 이야기였다. 17세의 아마구사 지로우(天草次郎) 앞에 두 사람의 아름다운 여인이 나타난다. 하나는 교태가 넘쳐나는 요염한 여성, 하나는 그와는 정반대의 여성이었다.

그런데 아마구사 지로우가 매혹을 당한 여자는 후자였다.

어째서 아마구사 지로우는 후자에게 마음이 끌렸던 것일까. 그것은 저녁 노을진 들녘에서 조용히 고개 숙여 기도하는 그녀의 모습을 보았기 때이다. 그 기도하는 여성의 모습에서 범하기 어려운 기품과 청순함을 발견하고 깊은 감동을 받았기 때문이다.

나는 이 소설을 읽고 잠시 동안, 자신도 그 여성을 본 것 같은 착각마저 일으켰던 것이다. 인간이 기도하는 모습이란 그렇게도 아름다운 것인가? 나는 그러한, 사람을 감동시킬 만큼의 기도의 경지에 소녀다운 동경심을 품었던 것이다.

그러나 나는 차츰 의심을 품게 되어갔다. 과연 기도는 그렇게도 사람의 마음에 감동을 주는 아름다움을 지니고 있는 것일까?

나는 군국주의(軍國主義) 시대의 여학생이었기 때문에 이따금 신사참배(神社參拜)에 이끌려 갔었다. 전교 학생 1천여 명이 신사의 경내에 정렬하여,

"경례"

하는 구령에 따라 일제히 머리를 숙인다. 그 머리를 숙일 때 학생의 마음속에 도대체 무엇이 떠올랐을 것인가. 다만 구령에 맞추어 고개를 숙였을 뿐, 마음속에는 아무 것도 떠오르지는 않았던 것이 아닐까. 구령에 따라 머리를 숙이는 것과 '기도'와는 근본적으로 아무런 관계도 없다고 생각된다.

첫째, 우리들 소녀는 무엇에 대하여 머리를 숙이고 있는지조차도 몰랐었다. 어린 시절부터 도리이(일본의 신사 옆에 세워진 나무들) 앞을 지날 때는 머리를 숙였다. 그처럼 교육을 받아 온 우리들이었다. 우리들 소녀만이 아니라, 그 곳에 무엇이 모셔지고 있는지, 무엇을 신으로 삼고 있는지 깊이 파고들어가 생각한 일이 없는 것이 보통 사람들의 실태가 아니었을까.

구령을 걸고 있는 교사들 역시 "신이란 무엇인가?"하고 묻는

다면 대답할 수 있는 자는 거의 없었을 것이다. 구령을 거는 쪽이나, 구령에 걸리는 쪽이나 모두가 기도의 대상이 누구인지 알지 못한 채로였다고 하는 것이 진상이었을 것이다.

그런데 일본의 가장에는 대개 가미다나(장나감 집 모양으로 된 신주를 모시는 곳)와 불단(佛壇)이 있다. 요즘의 젊은이들은 가미다나를 섬기는 일을 하지 않을지 모르지만 얼마 전까지만 해도 가미다나와 불단이 없는 집은 거의 없었다.

나도 아잇적에 이것들을 향해서 아침 저녁으로 두 손을 합장했었던 것이다. 그런데 이 때도 신사에서와 똑같이 무엇을 향해서 기도하고 있는지 분명하지 않았었다. 어른들이야 물론 가미다나 위에 신이 있다고는 결코 생각지 않았을 것이다. 다만 그것을 집안에 놓아둠으로써 가정의 한구석에 신성한 분위기를 갖는 장소를 만들고 있는데 지나지 않는 듯했다. 오직 인쇄된 것뿐인 표찰 같은 것을 진정으로 신체(神體)라고 생각할 사람이 과연 몇이나 될 것인가.

그러나 의외로 인간에게는 미묘하게 약한 데가 있다. 가령 인쇄된 표찰일 망정 그것을 어쩐지 신과 같이 존경할 것으로 생각하려는 점이 우리들 인간에게는 있는지 모른다.

'소홀히 취급하면 벌을 받는다.'

대개의 사람들은 의외로 이렇게 생각하는 것이다.

그들은 신이란 것의 본체를 알지 못하고 있는 것이다. 그러므로 배례(拜禮)를 하지만 근본적인 면에서 애매하게 되어 버리는 것은 당연한 것이다. 참으로 신은 어떤 분인가, 신 앞에 어떻게 해야 할 것인가를 알고 있다면 우리들의 생활은 더욱 변했을 것이 아닌가.

영화나 연극에서 불량배의 두목의 집이나 술집 등에 근사한 가미다나가 모셔져 있는 것을 흔히 볼 수 있다. 도대체 저 가미다나에 무엇을 날마다 빌면서 협잡질이나 여자의 피를 빨아먹는 짓을 계속해 가고 있는 것일까. 아마 그것은,

'가내 안전(家內安全), 사업 번창(事業繁昌)'의 기도에 지나지 않을 것이 아니가. 남이 곤란을 당하든가, 어려움을 당하든가 그런 것은 개의치 않는다. 우리 집만 평안하고 번창하면 좋다고 하는 기도, 그런 자세로 하는 기도를 들어줄 신이 있다고 생각한다면 그것은 큰오산이다.

이렇게 말은 하지만 우리들의 기도의 대부분은 이 '가내 안전, 사업 번창'의 기도와 도대체 얼마나 차이가 있단 말인가. 생각을 해보면 모두가 어쩐지 불안한 것들 뿐이다.

우리들 인간은, 일생 동안에 적어도 한 번이나 두 번은,

"하나님, 살려 주십시오."

하고 기도하고 싶어지는 때가 있을 것이다.

그것은 물론 기쁨의 날들이나 순경(順境)의 날들에 있어서가 아니고, 괴롭거나 슬픈 때에 해당되는 것이다. 속담에 '괴로운 때 하나님'이라는 말이 있는데 이것이 거짓 없는 인간의 신에 대한 모습이 아니겠는가. 괴로운 때에만, 고통스러운 때에만 신 앞에 두 손을 합장하고, 혹은 머리를 조아리며 "제발 도와주십시

오!'하고 기도하는 것이다.

나에게도 그런 기억이 있다. 여학교 시절에 동생의 병이 위독하던 날 밤, 병실의 복도에서 고개를 떨구고,

"하나님, 제발 도와주십시오. 동생을 살려 주십시오!"

하고 눈물을 흘리면서 기도했었다. 아버지도 이 때 복도에 넙죽 엎드려 진심으로 기도하고 있던 모습을 기억하고 있다. 그런데 동생의 병이 낫고 나서는,

"하나님, 감사합니다."

라고 감사를 드린 기억이 내겐 없다.

인간이란 이렇게 버릇이 없는 동물인지도 모른다. 그러나 만약 신이 어떤 분이시며, 참으로 실재(實在)하고 있다고 믿고 있다면 우리들은 이와 같은 태도를 신 앞에서 취할 수가 있겠는가. 신의 실재(實在)를 확신하고 있다면 더욱더욱, 날마다 신에 대해 감사나 사례나 인도(引導)를 부탁할 것이기 때문이다.

내가 소설을 쓰게 되고 돈이 생기자 가지각색의 사람들이 돈을 빌리러 오게 되었다. 보통 때는 편지 한 장 없고, 전화 한 번 걸지 않고, 찾아오지도 않지만 필요한 때에만 찾아오는 사람이 몇 사람인가 있었다. 찾아왔다 하면 곧 돈 이야기인 것이다. 이것은 정말로 슬픈일이다.

신을 대하는 우리들도 '괴로운 때 하나님'의 식이어서는 신에게 있어서도 실로 고통스러운 일임에 틀림없을 것이다.

나는 작년 한 해를 꼬박 어느 잡지의 '三浦綾子에게 보내는 편지'라는 란에 투고한 사람들에게 회답을 썼다. 사람들은 많은 고

민을 지니고 있었다. 그 편지들을 보면서 나는,

　'만약 이 사람들이 참 신만 믿고 있었다면…….'

하고 몇 번인가 생각했던 것이다. 참 신을 믿고 신에게 기도할 줄을 알고 있었다면, 그 사람들의 괴로움은 그 사람들에게 더욱 다른 의미를 안겨다 주었을 것이라는 생각이 들었다.

　그런 이유로 나는 기도에 대해서 써 보고 싶다고 생각하게 되었다. 가령 신을 믿지 않고 있더라도, 신을 믿는 자의 기도를 안다면 반드시 그 기도의 대상인 신을 점차 알게 될 것이 아닌가, 하고 생각하게 되었던 것이다.

　왜냐 하면 "기도는 신과의 대화이다"라고도 말하고 있기 때문이다. 기도가 신과의 대화라고 한다면, 기도를 배움으로써 기도의 대상자인 신도 자연히 볼 수 있게 된다고 나는 생각한다. 신의 앞에 있는 인간의 기도를 안다면 아직 신을 모르는 사람도 신의 자태를 어느 정도는 알 수 있는 것이다. 그렇게 나는 생각했던 것이다.

　그런데 이 동안에 나는 나의 친구에게 「아침의 기도, 저녁의 기도」라는 기도책을 선물했다. 그녀는 여자의 몸으로 커다란 국제적인 일을 하며 많은 사람들을 고용하고 있는 실업가이다. 교회에 나가지는 않지만 밤에 자기 전에 20분간 정도는 하나님 앞에 기도 한다고 했다. 그리고 그 기도의 시간이 하루 중에서 가장 평안한 때라고 했다. 그 말에 나는 기독교 신자로서 감동을 받았다. 크리스찬 중에서도 하루에 20분간 고요하게 하나님과의 대화를 갖는 사람이 그다지 많다고는 생각되지 않는다.

보통 세 번의 식사 기도, 잠들기 전의 기도 정도로 간단히 끝내고 마는 수가 많지 않은가 생각된다. 그러므로 신자가 아닌 그녀가 하루에 20분간 기도한다고 하는 사실은 나에게 아주 큰 감동을 주었다. 내가 그녀에게 기도책을 선물한 것은 그녀가 기도책을 통해서 다시금 깊이 신을 알게 되리라고 생각했기 때문이다.

나는 이로부터 일상의 기도, 그리고 여러 가지 문제에 부딪친 경우의 기도를 1년간 써 보겠다고 생각했다. 1년간이나 기도에 대해 연재할 자료가 있는가, 하고 사람들은 의아해 할지도 모른다. '가내 안전, 사업 번창' 식의 기도 밖에 모르는 사람들에게는 확실히 그런 의문이 솟아날 것이다. 그러나 그리스도교에서는,

"기도는 신자의 호흡이다."

라고 말하고 있다. 기도가 어떤 것인지 알고 있는 사람에게는 , 2백자 원고용지 겨우 몇 백 매로 기도에 대해서 다 쓸 수가 있을 것인가 하고 오히려 불안하게 생각될 것이다.

나 자신도 어떻게 기도할 것인가를 결코 잘 안다고는 생각하고 있지 않다. 세례를 받은 지 24년, 그동안 매일 기도를 해왔지만, 참으로 얼마 만큼도 알지 못하고 있다. 그러므로 이것을 기회로 나도 또한 함께 기도를 배우고 싶다고 생각하고 있었던 것이다.

그런데 우리들은 아침에 눈을 떴을 때 도대체 무엇을 신에게 기도할 것인가? 당신이 만약 자기 자신도 가족도 건강하고, 경제적으로도 인간 관계면에 있어서도 아무런 불만이나 문제가 없다

고 하자. 즉, 모두 만족하고 있다고 하자,

그러한 때, 당신은 도대체 무엇이라고 신에게 기도할 것인가. 여기서 조용히 자기 자신에게 물어 보라고 하고 싶은 것이다. 앞서 내가 친구에게 선물한 「아침의 기도, 저녁의 기도」(G. 베일리 지음)의 첫 페이지에 있는 아침 기도의 말을 소개해 볼까 생각한다.

"내 영혼의 영원한 아버지시여,

이날 마음에 떠오르는 첫 생각이 당신을 생각하는 것이 되도록 해주시고 또 당신을 예배할 것을 생각하고, 처음으로 입 밖에 나오는 말이 당신의 거룩하신 이름이며, 최초의 행동이 무릎을 꿇고 당신에게 기도하는 것이 되도록 해주십시오.

(중략)

그렇지만 이 아침의 기도를 마치고, 이제 예배를 끝마쳤다고 하여 남은 하루 동안 당신을 잊어버리는 일이 없도록 하옵소서. 오히려 이 조용한 시간부터 빛과 기쁨과 힘이 솟아나서 남은 모든 시간도 제 마음에 머물러 제 생각을 순결하게 유지하고, 저의 말을 부드럽게, 또한 진실되게 하시고, 지난날들의 고귀한 추억을 중요시하고, 당신의 아들로서의 영원한 깨달음을 언제나 생각나게 해주십시오.

(후략)"

이 책을 읽고 나서 당신은 어떻게 생각되었을까요? 여기에서는 '괴로운 때 하나님'은 물론이고 '가내 안전, 사업 번창'의 이기적인 생각은 이슬만도 못하다고 하겠다. 이러한 기도를 하는 사람의 모습이야말로 확실히 아마구사 지로우(天草次郎)가 감동을 받은 그 여인의 기도하는 모습이 아닐는지.

어떻게 이와 같이 기도할 수 있을까? 그것은 기도하는 대상이 인격을 가진 신이기 때문이다. 인쇄된 한 장의 표찰도 아니고 죽은 자를 신으로서 받들어 올린 존재도 아니기 때문이다. 한없이 맑고 풍요로운 사랑의, 그리고 완전히 정의롭고 거룩한 신이 기도의 대상이기 때문이다.

앞에서도 말한 바와 같이 기도는 신과의 대화이다. 우리들은 인간끼리 대화할 때조차도 대화하는 상대에 따라 자신의 중심으로부터 온갖 것을 끄집어 나오게 되는 것이다. 마음이 나쁜 악인과 대화를 하고 있으면 이쪽의 마음도 비뚤어지게 되지만, 온건한 사람과 얘기를 하고 있으면 이쪽의 기분도 온화하게 된다. 관대한 사람과 얘기를 하고 있으면 마음이 솔직하고 대범한 생각을 갖게 되고, 천진난만한 아이들과 대화를 하고 있으면 이편도 동심에 사로잡히게 된다.

이러한 이유로 하나님과의 대화인 기도를 열심히 하면 역시 아는 사이, 모르는 사이에 우리 추악한 인간도 고상해지고 청순해지게 되는 것이다.

그리고 기도할 때 우리는 먼저 하나님이 어떤 분이신가를 생각하고 그 분이 우리에게 어떤 기도를 요구하고 있는가를 조용히 물어 보는 것으로부터 시작한다면 좋을 것이라 생각한다.

기도하는 자세는 꼭 결정되어 있는 것은 아니다. 누워만 있는 환자는 누운 채로 좋으며, 건강인은 선 채로도, 정좌한 채로도, 그것은 자유이다. 다만 신 앞에 조용히 대좌하고 있으면, 밖으로 나타난 형태는 묻지 않는다. 어느 때는 걸으면서 또는 일을 하면서 기도하는 수도 있다.

기도하는 대상은 어디까지나 이 세상을 지어 주신 전능의 신이 아니어선 아니된다. 일본에는 이르는 곳마다에 사람을 대상으로 하여 제사 지내는 신사(神社)가 있다. 심지어는 여우나 말을 대상으로 하여 제사 지내는 사사(社寺)까지도 있으므로 기도하는 대상을 분명히 구별하지 않으면 안된다. 인간으 죽은 정령(精靈)을 제사 지내는 신사는 신으로 착각을 하기 쉬우므로 특별히 주의하여 기도의 대상으로 삼지 않도록 해야 한다. 참 신은 오직 한 분이기 때문이다.

어느 사람이 이런 말을 하고 있다.

"선조가 숭배했던 것은 도무지 알 수가 없군요. 나쁜 짓을 한 사람도 숱하게 많은데 모든 사람이 다 선조로 숭배를 받고 있으니. 더 더구나 선조가 자손을 지켜 준다면 어느 집이건 필시 번창할 것이라고 생각되는 데도 그렇지도 않으니."

확실히 그 말과 같다. 우리 인간들은 끈질기게 죽은 자의 혼령을 두려워한 나머지 엉뚱한 신앙을 갖기 쉬운데, 나는 다음과 같이 부탁해 두고 싶다.

"천지를 창조하신 신은 예수 그리스도의 아버지이신 신이다. 이제부터 말하는 기도는 모두 그 예수 그리스도의 아버지이신 신을 향한 기도라는 사실을 알아 두시라."고.

앞에서 말한 바와 같이 매일매일의 기도 이외에 절망한 때의 기도, 과실을 범한 때의 기도, 부부관계가 위기에 빠진 때의 기도, 병든 때의 기도, 실언했을 때의 기도, 결혼했을 때의 기도, 순경에 처했을 때의 기도, 죽을 때의 기도 등 차례로 얘기해 나가려고 생각한다. 독자들에게 다소나마 힘이 된다면 다행이겠다.

제 2 장
하나님과의 대화

그러므로 저희를 본받지 말라. 구하
기 전에 너희에게 있어야 할 것을 하나
님 너희 아버지께서 아시느니라.

「마태복음」 제6장 8절

기도라고 하는 것은 하나님과의 대화이므로 사실은 사람과 대화하 듯이 하면 되는 것이다. 그런데 기도한 적이 없는 사람으로서는 역시 쉬운 일이 아니다. 아니, 매일 기도하고 있는 신자들로서도 그것은 쉬운 일이 아니다.

　왜냐 하면 그것은 하나님의 앞에 오직 혼자서 기도한다는 경지로 좀체 들어가지지 않기 때문이다. 자신이 지금 말을 걸려고 하는 상대가 이 세상을 만들고 자신을 사랑하고, 그리고 모든 것을 아시는 분이라는 실감이 없으면 도저히 기도할 수가 없게 된다.

　더욱이 그 기도를 하나님께서는 반드시 들어주시며 가장 좋은 대답을 주실 것이라는 확신이 없으면, 기도는 독백(獨白)으로 끝난다. 확신이 없어 가지고는 도저히 기도가 이루어지지 않는다. 그러므로 기도는 생각하기보다 어쩌면 무척 어려운 것인지도 모른다. 그러나 하나님이 들어주시리라는 확신만 있으면 마음은 솔직하게 될 것이다.

기도는 날마다, 아침 저녁으로, 또 수시로 하도록 하는 것이 중요하지 않은가 생각된다. 쉬지 않고 기도하고 있지 않으면 언젠가 문제가 일어난 때에 기도하려고 하더라도 올바른 기도를 할 수가 없게 된다.

"하나님, 살려주십시오.!'

라든가,

"하나님이시여, 병을 고쳐 주십시오!"

라는 등, 단순한 이익을 요구하는 기도 밖에는 불가능하게 된다. 기도의 목표를 알 수 없기 때문이다.

우리가 교제를 하지 않던 사람에게 특별한 상담이나 부탁을 하러갈 수 있겠는가. 그것은 좀체로 어려운 일이 아니겠는가. 아침 저녁으로 얼굴을 마주 보면서도 인사 한마디 없던 사람에게 특별히 심각한 대화를 끄집어 낼 수는 없으리라.

물론 나처럼 소설을 쓰는 사람에게는 매일같이 상담의 편지가 오고, 갑자기 찾아오는 사람도 있다. 어떤 청년은 인간이 믿어지지가 않아서 친형제들 사이에도 말을 하지 않고 지내고 있었다. 그런데 나를 찾아와서 그 심정을 털어놓았다. 육친과도 말을 하지 않는데 어째서 나에게는 말하는 걸까? 이상하다는 생각이 들어 물으니, 그는 이렇게 말하는 것이었다.

"미우라 씨의 책을 몇 권이고 읽었으니 우리 집 사람들보다 더 마음을 잘 알 수가 있습니다."

나로서는 첫 대면의 청년이었지만, 그로서는 책을 통해서 나와 대화하고 있었던 것이다.

그는 아무튼 상대를 알고, 상대와 늘 교제하고 있지 않으면 모든 일에 상담을 할 수 없었던 것이다. 그러므로 문제가 있건 없건 간에 나는 사람들에게 날마다 기도할 것을 권하는 바이다.

첫째, 아침의 기도이다. 우리 부부의 경우, 아침에 잠자리에서 일어나면 구약성서를 세 장 읽고 신약성서를 한 장 읽는다. 성서를 읽는 것은 하나님께서 우리들 인간에게 무엇을 요구하고 계신는가를 알기 위해서이며, 오늘 하루의 인도를 받기 위해서이다. 그리고 성서를 읽은 뒤 남편이 기도하는데, 이 기도를 모두 말하기에는 너무나 길므로 요약하기로 한다.

"잠을 잔다고 신기한 시간을 주시고, 오늘도 당신이 지켜 주시는 가운데 무사히 눈은 뜨게 된 것을 감사드리나이다. 우리 인간에게 수면을 허락해 주신 하나님의 섭리를 찬양하나이다."

이와 같이 감사의 말로부터 시작하는 수도 있으며, 또는,

"오늘도 새 아침과 새로운 마음을 주신 것을 마음으로 감사드립니다."

라고 기도하기도 한다. 먼저 하나님께 감사해야 할 것을 찾는 것이다. 인간이라는 것은 가엾은 자이므로 언제나 남쳐 날 정도로 감사하고 있지 않으면 안된다. 온몸이 만족스럽고 병들지 않고, 아무런 사고도 없이 아침을 맞아도 무언가 한 가지 마음에 걸리

는 것이 있다면 불쾌하다고 할 수가 있다 그렇지만 그러한 때라도 감사할 일을 찾는다면 그것은 많이 있는 것이다.

날씨가 좋은 것을 감사하는 신자들이 흔히 있는데, 그것도 감사해야 할 커다란 조건이다. 가족의 무사함, 기도할 기분이 생긴 것, 하룻밤을 무사히 목숨을 유지했다는 것 등, 감사해야 할 일은 얼마든지 있는 것이다.

생각해 보면 인간들끼리에도 그렇지 않은가. 멀리서 아는 사람이 왔을 때 우리는 맨 먼저 무엇을 생각할 것인가. 그 사람에게 감사해야 할 일을 잊고 있지나 않았는가, 인삿말을 해야 할 걸 잊지는 않았는가, 하고 생각하게 되지 않을 것인가?

"전번에 일부러 찾아와 주셔서……."

"편지, 참 고마웠습니다……."

"늘 친절을 베풀어 주셔서……."

라는 등, 인삿말을 하는 것이 당연한 예의라고 할 것이다. 그런데, 서로가 깜박 잊어버리고 있는 일이 있는 것이다.

"그 후의 병환은 어떠신지요?"

라고 묻게 되면, 그제서야,

'그렇다! 이 사람한테서 병문안의 전화를 받았었지' 하고 생각이 나거나,

"입에 맞으셨던가요?"

라는 질문을 받고서야,

'아차, 무얼 사다 주었었군!'

하고 생각이 떠오르는 수가 있어 얼굴이 화끈해짐을 느끼곤 한다.

26

하물며, 기도의 대상은 전능하신 신이다. 이 신에게서 받고 있는 은혜라고 하는 것은 다 헤아릴 수 없는 것이다. 밤에 잠이들어 아침에 눈을 뜨는 것도 모든 사람들은 지극히 당연한 일처럼 생각하고 있다. 그러나 이 일만 해도 생각하면 할수록 그것은 결코 당연한 일은 아닌 것이다.

과거의 경우, 나는 몇 차례인가 안면(安眠)을 방해받은 일이 있다. 밤중의 3시경 전화가 걸려 와서, 나가 보니 그것은 숙부(叔父)의 죽음을 알려 주는 전화였었다. 또 어느 날 밤은 소방차의 요란스런 사이렌 소리에 잠을 깬 적도 있다. 또 어느 날 밤은 이상한 소리에 잠을 깼는데, 그것은 바로 집으로 들어오려고 하는 도둑놈이 내는 소리였다. 또 언젠가는 남편의 병 간호 때문에 한눈도 못 붙여 본 적이 몇 번이나 있었다. 그 밖에 주정뱅이의 전화로 잠을 설친 적이 여러차례나 있으며, 길에서 몹시 언쟁을 하는 사내들의 소리에 단잠을 깬 적도 있다. 나의 친구는 잠을 자다가 갑자기 심장마비로 죽었다. 우리들이 한밤을 푹 자고 기분 좋게 눈을 뜨기 위해서는 실로 많은 조건들이 갖추어지지 않으면 안되는 것이다. 자기 자신의 건강도 좋아야만 된다. 이가 조금만 아파도, 배가 조금만 아파도 잠을 자지 못하는 것이 아닌가. 이렇게 볼 때 잠을 푹 잘 수 있다는 것은 당연한 일이 아닌 것이다.

첫째로, 잠 그 자체가 얼마나 신비한 것인가? 우리들은 그것을 다시 한번 생각하지 않으면 안되겠다고 생각한다. 아무튼 잠에 대해서만도 감사할 조건이 얼마나 많은가?

감사를 드린 뒤 우리는 참회의 기도를 드린다. 참회를 하는 것은 아무 것도 아니라고 우리 인간들은 생각하며 살고 있다. 그러나 우리들은 사람에게나 하나님에게나 많은 잘못을 저지르지 않으면 안되는 성질을 지니고 살아가고 있는 존재가 아닌가.

하나님 앞에 참회해야만 할 첫번째 일은, 인간이란 하나님 앞에 나서기에 떳떳하지 못한 무자격자라는 사실인 것이다. 우리들의 마음은 참으로 자기 중심적이고 남을 질투하고, 원망하고, 미워하고, 하루라도 남을 책하지 않는 날이 없는, 인정머리 없는 상태에 있는 것이 아닌가.

자기 형제가 자기보다 봉급이 많은 것조차 질투한다는 이야기를 들은 적이 있는데, 그것이 타인이고 보면 두말 할 필요조차 없는 일이 아닌가. 남의 즐거움을 자신이 즐거움으로 여기는 것 따위는 도저히 불가능한 것이 우리 인간의 심사이다. 하물며 동료가 자기보다 승진이 빨랐다거나, 아우가 형보다 출세가 빨랐다거나 한다면 그것이 또 다툼의 씨가 되는 수도 있다.

한편 승진이 빠른 자는 빠른 자로서 다른 사람이 능력 없이 보이거나, 바보스럽게 보이거나 하여 이것을 멸시하고, 자신만큼 위대한 자는 없는 듯이 착각해 버린다. 즐거워해야 할 상태에서마저 몰골사나운 정경이 생겨나는 것이다.

그 밖에 부부 사이가 나쁘고, 부자, 모녀 관계가 비뚤어져 있는 등, 그런 데서 연유되어지는 것은 모두 서로 자기 중심적인 사고방식으로부터 비롯되고 있다. 실상 인간은 모두 참회할 일들로 가득차 있는 존재인 것이다. 그런데, 우리가 지금 기도를 드리고

자 하는 신은 어떤 분이신가. 그 분은 완전히 거룩한 분이시고, 또한 완전히 정의롭고, 사랑이 깊은 분인 것이다.

만약 우리들 인간이 깨끗이 청소해 놓은 남의 집에 흙투성이의 몸으로 들어가지 않으면 안된다고 한다면 어떻겠는가!

"죄송합니다. 이런 모습으로 ……."
라고 코가 땅에 닿도록 절을 할 것이다.

신의 고결함이 없다면 자신의 흉한 몰골이 구별되지 못한다. 반면에 자신의 추악한 몰골을 알게 되면 신의 고결함도 알 수 있다고도 한다. 참회는 이 추악함을 신 앞에 내놓고 사죄를 하는 행위이다. 그러면 어떻게 참회의 기도를 해야 하는가?

"더러운 나를 용서해 주십시오."
라고 단순히 그것만 기도하는 것도 좋다. 그러나 사실은 더욱 구체적으로 기도하는 편이 낫다고 생각한다.

어느 날 나는 기도회에서 한 젊은이의 기도를 듣고 마음에 감동을 받았다.

"하나님, 제발 용서해 주십시오. 저는 오늘 어떤 사람에게, 약한 자를 괴롭히지 말라는 말을 들었습니다. 저는 친구와 시시덕거리고 있는 정도였는데, 다른 사람들 눈에는 약자를 괴롭히는 것으로 비치는 행위였습니다. 더욱 상대의 입장에 서서 동정심을 가진 생활 자세를 갖출 수 있도록 인도해 주십시오."

하는 기도였습니다.

이와 같이 참회해야 할 일을 구체적으로 하나님께 아뢴다고 하는 것도 결코 쉬운 것은 아니다. 가령 그것이 자기 혼자인 때라도 쉬운 일은 아니다.

"오늘 저는 시어머니를 미워했습니다. 그것은 청소 방법이 나빠서 주의를 받았기 때문입니다. 제발, 이제부터는 솔직하게 충고를 받아들일 수 있도록 인도해 주시옵소서. 시어머니에게 따뜻한 마음으로 말을 걸 수 있는 인간이 되게 해주시옵소서."

라든가,

"이웃집 안주인에 대해 질투심을 품었던 것을 용서해 주시옵소서.
저는 남편이 그 사람의 센스를 칭찬해 준 데에 화가 났던 것입니다. 센스가 빠른 사람은 좋다고 저 자신도 마음으로부터 칭찬할 수 있는 사람으로 만들어 주옵소서."

라는 등, 자신의 나약함, 추악함을 입 밖에 낸다는 것은 실로 견디기 어려운 일인 것이다. 그러나 그 견디기 어려움을 초월하여 구체적으로 참회를 하노라면, 자신의 모습을 공평하게 볼 수가 있게 된다. 자신의 나약함, 어리석음이 차츰 명백하게 드러난다.
아무튼 이리하여 아침 저녁으로 하나님 앞에 참회한다는 것은 아침 저녁으로 세면을 하는 것과 흡사하다. 낯을 씻는 이상, 마음도 씻고 하루를 출발한다는 것은 참으로 시원스런 일일 것이다. 그리고 그것은 새로운 힘을 얻게 되는 일인 것이다.

다음으로 우리 부부는 하나님께 요구하는 기도를 한다. 우리 집의 경우, 먼저 일을 위해 기도한다.

"주어진 이 일을 통해서 거룩하신 신의 이름이 기림을 받게 되도록 해주시고, 이제부터 써 내는 한 가지 한 가지가 무언가 독자들의 힘이 되도록 해주시옵소서. 현재의 세계는 고난으로 가득 차 있습니다. 제발 고통 가운데 있는 사람에게 당신의 밝은 빛이 비쳐지도록, 약한 우리의 활동이지만 필요한 능력과 지혜를 주시옵소서. 우리에게 이 과업이 주어지고 있는 의미를 올바로 알게 되도록 항상 마음의 눈을 뜨게 하여 주시옵소서."

이러한 말로서 기도하기 시작한다. 물론 기도하는 말은 매일 다르지만 일을 시작함에 있어서의 기도는 대체로 이와 같은 것이다. 사람에 따라서는 위험한 직무를 가진 사람도 있을 것이며, 단조로운 일에 약간 지루함을 느끼고 있는 사람이 있는지도 모른다. 그 사람 그 사람의 일에 따라서 기도의 말은 제각기 다를 것이다. 가정의 주부는 주부로서 직업을 가진 사람과는 또 다른 책임을 부여받고 있다. 또 노인이나 병자는 소위 일은 없을지 모르지만 오늘 하루를 보내기 위해 자각하지 않으면 안되는 사명은 있을 것이다. 내가 병이든 때에 드린 기도는,

"이 저의 병이 저의 생애에 있어 필요불가결한 것이라는 사실을 감사의 생각을 가지고 받아들일 수 있도록 힘을 주시옵소서. 괴로움이나 따분함에 견딜 힘을 주시고, 이 병상을 자신에게 주어진 교실로 삼아 오늘의 해를 보낼 수가 있도록 해주시옵소서. 뜻이라면 병든 것을 통해서 사람들에게 그리스도의 은혜를 전파할 수가 있도록 해주시옵소서."

라는 것이었다.

"나는 주부로서 오늘 하루 이 가정을 지킬 사명을 받았습니다. 매일 같은 일의 되풀이 속에서, 자칫하면 생활이 타성(惰性)으로 흐를 가능성이 많은데, 어제보다도 오늘을 더욱 잘살 수 있도록 인도해 주시옵소서. 집안 일 한 가지 한 가지를 통해서 가족이 마음 편히 안주할 수 있도록 가족에 대한 따뜻한 배려나 자상한 마음씨를 기를 수 있도록, 또 그 곳에 산다는 것의 깊은 의미를 발견할 수 있도록 해주시옵소서."

주부는 이와 같이 기도할 수도 있을 것이다.

지금 나는 전혀 문제가 없는 때의 기도를 기록해 나가고 있는 것이지만, 자신의 가정에 특별한 문제가 없더라도 기도해야 할 일은 많이 있는 것이다. 우리들 부부는 부모, 형제, 친척, 친구, 은인, 지인(知人), 이웃 사람, 목사들, 출판 관계자, 삽화가, 정치가 등등 2백 명이 넘는 사람들을 위해 매일 기도하고 있다. 이것은 꽤 시간을 요하는 일인데, 생각해 보면 이 기도가 사람들과의 교제 가운데서 가장 근본적인 것인지도 모른다고 생각된다.

기도를 받고 있는 사람들은 우리가 매일 자신들을 위해 하나님께 기도하고 있다고는 상상도 해본 적이 없을 것이다. 그러나 어쨌든 365일 이렇게 이름을 부르며 기도한다는 것은 참으로 의미 있는 교제일 것으로 생각된다.

친구가 입원하면 문병을 가는 것은 누구나 할 수 있지만, 건강할 때나 병든 때나 그 사람을 위해 필요한 기도를 계속하는 일은 보통 사람들이 하지 않는 일인지도 모른다.

내가 감기에 걸렸을때, 기도해 준 이웃집의 어린 아이가 내가 나은 것을 보고 그렇게도 기뻐해 주던 일을 나는 언제나 생각하고 있다. 남을 위해 기도한다는 것은 즐거움이나 슬픔을 함께 하는 일이라고 말할 수 있을 것이다.

그럼 이제부터라도 노트를 펼쳐 놓고 기도를 해준 사람들의 이름을 적어 보지 않겠는가? 그로부터 또 새로운 생활이 시작된다고 말 할 수 있지 않을까!

제 3 장
아버지이신 하나님

그러므로 내가 너희에게 말하노니
무엇이든지 기도하고 구하는 것은 받
은 줄로 믿으라. 그리하면 너희에게 그
대로 되리라.

「마가복음」 제11장 24절

제 2장의 끝에서 나는 노트를 펼치고 기도해 준 사람들의 이름을 기록하라고 했다. 상대가 모르는 곳에서 그 사람을 위해 기도를 하는 것이 진실하게 인간 관계를 맺는 자의 모습이 아닐까, 라고도 했다.

　기도의 노트에 써야 할 이름을 우리는 얼마만큼 갖고 있는 것일까. 자신의 일, 가족의 일, 그것에만 한정되어 있다면 너무도 좁은 세계 속에 살고 있는 결과가 된다. 자신은 어느 정도 다른 사람들을 위해 기도하는가. 그것은 곧 얼마나 많은 사람들에게 관심을 갖고 있는가, 하는 말도 된다.

　그런데, 그 한 사람 한 사람의 인간이 갖는 문제를 우리들은 정확히 파악하고 있는 것일까? 남편에게는 지금 도대체 무엇이 문제인가? 자식에게는 무엇이 참으로 고민거리인가? 딸이 가장 원하고 있는 것은 무엇인가? 같은 지붕 아래 살고 있으면서도 우리들은 의외로 그런 것들을 알지 못한 채 살아가고 있는 것이다.

하물며 전연 타인의 고민이나 희망 따위를 우리들은 알 까닭이 없는 것이다.

내가 아는 한 사람은 어느 날 아침에 눈을 떴을 때, 곁에 있어야 할 남편이 없었다. 화장실에 갔겠지 생각하고 있었지만 몇 분이 지나도 돌아오지 않았다. 점점 불길한 생각이 들었다. 30분이나 지났기 때문이었다. 화장실에 가 보았지만 남편은 없었다. 남편의 양복도 구두도 없었다. 그리고 그대로 남편은 끝내 돌아오지 않았다. 아직도 여전히 행방불명이라고 한다.

어째서 남편이 잠자리에서 갑자기 없어졌는가? 한 줄의 메모도 남겨 놓은 게 없었으므로 아내인 그녀로서도 알 도리가 없었다. 그러한 그녀에게 여러 가지 정보가 날아들어 왔다.

'사업이 벽에 부딪친 것을 느끼고 있었다.'

'상사와의 사이가 좋지 않았었다.'

'다른 여자와 깊은 관계가 있었다.'

는 등.

어느 정보건 그녀에게는 믿어지지 않는 말뿐이었다. 한 지붕 밑에 살면서, 한솥의 밥을 먹고 베개를 나란히 하고 잠을 자고 있어도 사람은 웬지 고독한 존재인 것일까? 그리고 또 사람은 어딘가 둔감한 동물인가? 우리들은 상대가 무엇을 생각하고 있는지 알지 못한 채로 살아가고 있는 수가 의외로 많은 것이다.

그러나 우리들은 아무런 문제도 없는 날들에는 자신의 기분을 상대가 잘 알고 있다 생각하고 자신도 또 상대의 기분을 잘 알고 있다고 생각하고 있다. 그렇지만 사실은 아무 것도 모르고 있는 수가 의외로 많은 것이다.

지금 말한 나의 아는 사람은 말했다.

"사업이 막다른 골목에 이르렀다 해도 괜찮아요. 상사와 사이가 나빴다고 해도 이해할 수 있어요. 그러나 딴 여자가 있었다면 두 번 다시 이 집에 들어오는 걸 용서 못하겠어요."

나는 그 기분을 알고도 남았다. 아내들에게 있어 남편을 용서 못 할 일이 도대체 무엇인가. 물론 주벽이 나쁘다든가, 도박에 빠져 경제적으로 곤란을 초래했다든가, 그러한 결점도 용납하기 어려운 것이기는 하리라. 그러나 바람 피우는 것은 그것보다도 더욱더 아내들을 심연으로 빠뜨리는 혹독한 행위가 아닐까.

나는 기도의 노트를 만들라고 했다. 그 기도하는 상대와 문제를 적어 넣으라고 했다. 만약 남편의 란에 건강이라든가, 사업의 일을 쓰는 아내들은 아직 행복하다. 그렇지만 거기에 남편의 여성 문제를 기록하지 않으면 안된다고 한다면 우리들은 그 일을 위해 어떻게 기도할 수 있을 것인가.

지금 여기서 눈을 감고 함께 그 일을 생각해 보고자 한다. 사실상 남편에게 여성 문제가 일어났다고 하면, 세상의 아내들은 기도할 바를 모르게 되지나 않을는지. 학창 시절에 아무리 우수한 성적을 땄던 여성이라도, 가사에 능숙하더라도, 사회적으로 훌륭한 일을 하고 있더라도, 한결같이 질투심과 절망감에 시달리게 될 것이다.

나는 다른 데에 쓴 일이 있지만, 남편이 암을 선고받게 되는 것보다 남편의 연애를 고백받게 되는 편이 아내들은 더욱 심각한

타격을 받는다고 한다. 나 자신도 만약 남편에게 그러한 문제가 발생한다면 기도할 수 있을는지 전혀 자신이 없다. 다만 남편의 여성 문제에 자기를 잃고 고민할 뿐일 것이다. 이것은 아마 누구나 마찬가지일 것이다.

　'이렇게 정성을 다하고 있는데도…….'

　'저쪽 여성이 나보다 연상인데도…….'

　'내가 더 미인인데 …….'

　'제기랄 그 ×한테 쫓아가 담판을 지어 버릴까?'

　'아냐, 남편을 죽이고 나도 죽어 버릴까?'

라는 등, 거기에서 거기로, 아침부터 저녁까지, 밤부터 아침까지 되풀이 되풀이 번민을 한다. 남편의 귀가가 조금만 늦어져도 이 곳 저곳으로 전화를 걸어 본다거나, 흥신소를 이용해 조사를 시키거나, 상대 여자에게 남편의 일을 캐묻는다거나, 알고 있는 모든 사람들에게 그 상담을 하거나, 아직 초등학교도 다니지 않는 아이들에게까지,

　"너희 아빠는 나쁜 사람이야."

라는 등, 바보짓을 하거나 한다.

　그러한 말을 나는 흔히 듣지만, 나는 그것을 욕하거나 할 수는 없다. 나도 역시 똑같은 말을 하거나 할 것이라고 생각되기 때문이다.

　그렇게 생각하던 내가 그런 남편을 위해 기도하자고 말을 하자니 매우 망설여졌다. 그러나 나는 용기를 내어 말했다.

　"기도합시다. 남편을 위해 기도합시다."라고.

40

그런데 파스칼은 말했었다.

"사람은 혼자서 죽지 않으면 안되는 것처럼 혼자서 살아가지 않으면 안된다."고.

인간이 산다고 하는 것은 그러한 너그러움을 용납하지 않는 엄격한 일인 것이다. 자신이 받은 상처는 아플 수밖에 도리가 없다. 자신의 상처를 남에게 같이 아프자고 요구할 수는 없는 것이다.

참으로 사람은 매우 냉혹한 것이다. 제아무리 아프다고 소리를 쳐보아도 다른 사람은 조금도 아파해 주지 않는다. 아니, 몇 사람인가는 동정하는 사람도 없지는 않겠으나, 결코 똑같이 아파해 주지는 않는다. 아무리 남편의 바람기를 호소해 보았자 속으로는,

"어디에나 있는 얘기지. 자기 남편만이 바람을 피우고 있는 건 아닐 텐데 와, 와, 떠들어낼 건 없잖아?"
라고 비웃는 사람마저 있는 것이다.

잠간 얘기가 빗나가는 것 같지만 누군가가 위독하다는 말을 들어도,

"살 만큼 살았잖아."
라든지,

"술을 너무 퍼마셔대서 그렇지."

라고, 한마디로 끝나는 사람이 얼마나 많은가? 사람은 자기의 손가락 끝에 가시만 찔려도 아파한다. 그런데 남의 아픔이라면 3년이라도 견뎌내는 것이 인간이다.

그러나 나는 알고 있다. 오직 한 사람, 우리들의 심신(心身)의

아픔을 함께 느껴 주는 분이 계시다는 것을. 그 분은 예수 그리스도의 아버지이신 하나님인 것이다. 수천 년 동안 얼마나 많은 괴로움받는 사람들이 이 그리스도의 아버지이신 하나님께 기도함으로써 큰 위로를 받아 왔는가. 그리고 또 나도 그 한 사람이었다. 진정으로 위로 해 주실 분이 계시다는 사실을 알았던 까닭에, 나는 남편의 바람기에 대해서도 감히 "기도합시다"라고 말한 것이다.

상대와 헤어질 결심이라면 문제는 다르겠지만 그렇지 않다면 기도해 나가는 것만이 유일한 삶의 방법이 아니겠는가.

남편을 책망하거나, 상대의 여자를 꾸짖거나 하며, 여러 가지 망상 속에서 자신을 괴롭히며 살아가는 것과, 모든 것을 다 아시는 하나님께 기도로서 구하는 생활과 어느 쪽을 자신의 생활로 삼겠는가.

인간은 가령 감옥에 들어가는 것은 가능하지만 그 마음까지 구속받을 수는 없다. 자신의 마음을 어떻게 할 수 없는 것처럼, 상대의 마음 또한 어떻게 할 수 없는 것이다. 여자와 손을 끊으라고 조르더라도, 그대로 실행한다고는 결코 바랄 수 없다. 저쪽을 바라보고 있는 사람을 이쪽으로 돌릴 힘은 인간에게는 없는 것이다. 설사 억지로 사람을 돌려 세울 수는 있더라도 그의 마음까지는 그렇게 되지 않기 때문이다.

그런데 성서에는 하나님은 사람의 마음을 바꿀 수 있다는 사실이 여기저기에 쓰여 있다. 쓰여 있을 뿐만 아니라 2천 년의 기독교 역사상에는 그와 같이 하나님께서 마음을 바꿔 준 사람의 이야기가 셀수 없이 많다.

예를 들면 성 아우구스티누스도 그 한 사람이었다. 아우구스티누스는 유명한 방탕아였다. 지금은 성 아우구스티누스로 존경을 받고 있지만, 그가 한창 방탕중일 때야 누가 그를 성자(聖者)로까지 불리우는 인간이 되리라고 생각이나 했겠는가? 아마 누구 한 사람 그가 방탕의 길에서 돌아서리라고 믿은 사람은 없었을 것이 틀림없다.

아니, 한 사람이 있었다. 그것은 그의 어머니였다. 모친의 끊임없는 기도가 그 그늘에 있었다. 모친은 기도 가운데서 믿고 있었던 것이다. 아니, 어쩌면 모친도 이따금은 절망하면서 기도했을지도 모른다. 아무튼 이리하여 방탕아 아우구스티누스는 성 아우구스티누스로 바뀌었던 것이다.

성서에 나오는 바울과 같은 사람도 그리스도교 박해의 선봉에 서던 인물이었다. 그가 후에는 성서(신약)에 많은 구절들을 써남길 정도의 신앙의 용사로 변했던 것이다.

생각해 보면, 구태여 아우구스티누스나 바울의 예를 들 것까지도 없다. 2천 년 전부터 지금까지, 신자가 된 사람들은 모두 많든 적든간에 바울이나 아우구스티누스와 마찬가지로 그 살아가는 자세를 180도 전환한 사람들 뿐이다. 나 자신도 그러했었다. 나를 지도해주던 소꿉친구인 마에가와(前川正)라는 청년은 가끔 나의 일 때문에 어찌할 바를 몰랐는데 그의 선배로부터 마에가와에게 부쳐 온 편지속에 다음과 같은 말이 있었다.

'그와 같은 다루기 어려운 여성에게 더 이상 관여하지 마시오.'

그런 소리를 들었던 내가 그리스도의 말씀을 전하고 싶다는 일념에 글을 쓰게 되리라고는, 이미 세상에 없는 마에가와지만 살아 있다면 깜짝 놀랐을 것이다.

어쨌든, 전능하신 신을 믿게 된 많은 사람들이 있는 이상 바람 피우는 남편 역시 변할 수 있는 가능성이 없다고 누구 단언할 수 있겠는가? 요는 기도를 계속하는 일이다. 확신을 가지고 기도를 계속하는 일이다. 우리들 인간의 잔소리와 질책으로서는 변하지 않더라도 기도로서 변한 일은 숱하게 많은 것이다.

지금 나는 '확신'이라는 말을 사용했다. 확신이란 확실히 믿는다는 뜻이다. 이에 대해 성서에는 이렇게 쓰여 있다.

'그러므로 내가 너희에게 말하노니 무엇이든지 기도하고 구하는 것은 받은 줄로 믿으라. 그리하면 너희에게 그대로 되리라.'(「마가복음」 11장 24절)

즉,

"제발, 남편이 원래의 남편으로 돌아서도록 인도해 주시옵소서."

하고 기도할 때, 이미 그 기도가 이루어졌다고 확신하라는 것이다. 물론 이것은 어려운 일이다. 우리들은 하나님께 기도할 때,

너무 곤란한 상태 속에서 기도하고 있는 것이다. 남편은 그 여자한테서 돌아서지 않는다, 혹은 이혼하지는 말까지 넌지시 비쳤다, 아내의 말에는 일체 귀를 기울이지 않는다는 등의 상황하에서는 자신의 기도가 확실히 이루어졌다고 믿는다는 것은 결코 쉬운 일이 아니다. 그런데 믿고 기도하는 이외에 기도가 성취되어지는 길은 달리 없는 것이다.

'하나님이 어디 있단 말인가? 기도 따위는 독백(獨白)에 불과한 짓이지.'

만약 이러한 회의 속에서 기도한다면 그러한 기도는 하나님께 전달될 수는 없다.

그런데 나는 요즘 기도라고 하는 것은 먼저 자기 자신을 변화시키는 것이 아닌가, 하고 생각하고 있다. 참으로 거룩하신 분의 앞에 무릎을 꿇고 자초지종을 호소해 보자.

"하나님, 나는 남편을 지극히도 사랑해 왔습니다만 남편에게는 딴 여자가 생겼습니다. 어떻게든 남편의 마음을 변화시켜 원래의 남편으로 되돌아서게 해주십시오."

그리고 구체적인 남편의 비행을 하나님 앞에 아뢰어 본다. 마치 사람들에게 흉금을 털어놓고 이야기하듯이. 그런 기도를 아침 저녁으로 반복하고 있는 가운데 자신의 기도가 어딘가 우스운 데가 있다는 것에 생각이 미치게 될 것이 틀림없다.

'과연 남편만이 나쁜 것일까? 자신의 태도 가운데 남편의 마음을 쫓아 버린 원인이 있었던 것은 아닌가?

인간 관계 가운데 어느 한쪽이 완전히 일방적으로 나쁘다고 할 수 있는 경우는 아주 적다. 물론 제아무리 아내가 정성을 다한다고 하더라도 다른 여자에게로 마음이 쏠리는 남편도 있다. 그렇더라도 아내 자신의 태도가 백 퍼센트 좋았다고 할 수는 없다. 이 점에 주의를 기우이게 되면 기도는 달라진다.

"하나님, 만약 저 자신 속에 남편을 몰아치는 냉정함이나 불성실성이 있었다면 제발 그 사실을 깨닫게 해주십시오! 남편만을 책하는 자세로부터 자기 자신을 돌아보는 자세를 갖추도록 도와주시옵소서."

이와 같이 기도가 바뀌진다면 그것은 이미 자기 자신이 변했다고 말할 수가 있겠다. 거기서 다시 기도는 다른 형태를 취하게 될 것이다.

"생각해 보니 저는 남편이 죄인이라도 되는 듯한 눈으로 보고 있습니다. 확실히 여자에게 마음을 빼앗기고 있는 남편을 안타깝다고는 생각합니다마는 무언가 따뜻한 마음으로 맞을 힘을 주시옵소서!

소리를 지르거나, 그를 책하거나 질투하거나 하여, 자신을 괴롭히고 상대를 괴롭히거나 하지 않고, 조금이라도 남편에게 유쾌하게 대할 수 있는 용기를 주시옵소서!

기도는 이와 같이 점차적으로 자신을 향상시켜 나가게 되지 않겠는가. 그러한 끊임없는 기도는 반드시 하나님이 들어주시게 되고, 남편도 또 마음이 풍요로워진 아내에게 미안한 생각을 갖게 되어 솔직하게 될 수 있을 것이 아닌가. 그리고 또다시 기도는 변하게 될 것이 틀림없다.

"저는 남편이 사랑하고 있는 여성에게 오직 증오감만을 갖고 있습니다. 뭔가 이 증오감을 없애 주십시오."

이와 같은 기도마저도 할 수 있는 인간으로 되어갈 것이 아니겠는가?

앞에서 말한 「마가복음」의 말 다음에 이어 그리스도는 이렇게 말씀하고 계시다.

"또 서서 기도할 때에 어떤 사람과 서로 등진 일이 생각나거든 그를 용서하라."고.

누군가에게 원한을 품고서 하나님 앞에 나선다는 것은 불가능한 일이다. 그러한 사실도 우리는 기도하고 있는 가운데 알게 되어가는 것이다.

제 4 장
병들었을 때

이 사람들은 다 믿음을 따라 죽었으
며 약속을 받지 못했으되 그것들을 멀
리서 보고 환영하며 또 땅에서는 외국
인과 나그네로다 증거하였으니

「히브리서」 제11장 13절

우리들이 기도하지 않을 수 없을 때의 하나로, 병든 때가 있다. '사람은 병의 그릇' 이라고 할 만큼 온갖 질병에 걸릴 가능성을 지니고 있는 것이다. 건강했을 때에는 무엇이든 자신의 힘으로 해치울 수 있을 것같이 자신만만해 있지만, 일단 병에 걸리면 딴 사람처럼 무기력하게 된다. 그것이 인간의 정직한 자세이다.

어딘가에 쓴 적이 있다고 생각되는데 약간 무서운 병에라도 걸리면 평소 웬만큼 콧대가 센 사람일지라도, 또 일이 가능한 사람일지라도, 재능이 많은 사람일지라도, 높은 지위의 사람일지라도, 돈이 많은 사람일지라도 가엾을 정도로 맥빠진 사람이 되어 버리는 것이다. 위문을 가서 기도를 하면 대개의 사람이 눈물을 떨군다. 절대로 남들 앞에서는 눈물 따위를 보이지 않으리라고 생각되던 남성이라도 대부분의 사람들이 눈물을 흘린다.

그 정도로 병이라고 하는 것은, 사람의 마음을 약하게 만들고 불안으로 빠뜨린다. 그리고 그것은 당연한 일이라고 나는 생각한다. 왜냐 하면 질병의 상태는 죽음에 가까워지는 것이기도 하기 때문이다. 병이 낫지 못한다면 그대로 죽어가지 않으면 안된다. 그것이 병이라는 것이다. 병에 따라서는 바로 칼을 목에 찔러 대고 있는 것과도 같은 것이다.

지금 제아무리 건강한 사람이라도 내일 암(癌)의 선고를 받는다면 어떤 심경이 될 것인가. 생각만 하여도 병자의 불안과 초조감은 쉽사리 상상할 만하다. 다만 병명에 따라 그것이 강한가 약한가의 차이가 있을 뿐, 근복적으로는 생명을 위협받고 있다고 하는 상태임에는 틀림이 없다.

나도 13년간이나 요양생활을 했으므로 환자의 마음을 꽤 잘 알 것같다. 단순히 생명의 위협을 느끼는 것만이 아니라(그것만으로도 짓눌려 버릴 정도의 압박이지만) 경제적인 불안을 가질 사람도 있을 것이고, 학업이 늦어지는 데에 초조해 하는 사람도 있을 것이다.

또 병에 따라서는 혼기의 늦어짐, 연애의 파탄, 이혼의 쓰라린 체험 등 잔혹할 정도로 현실에 휘말리게도 된다. 한 집의 주인이 병이들면 경제적인 불안을 느끼지 않는 가정은 없을 것이며, 오랜 투병생활 때문에 부부 사이에 금이 가는 예를 나는 얼마든지 보아 왔다.

이와 같은 질병은 그 자체의 불안에다 여러 가지의 커다란 공포를 더해 오게 되는 것이다. 그런 가운데서 환자가,

'무슨 짓을 해서라도 낫고 싶다' 고 원하여 초조해 하는 것은 지극히 당연한 일이다. 이러한 때 우리들은 도대체 어떻게 하나

님께 부르짖으면 좋을 것인가? 어떻게 기도하면 좋을 것인가?

"하나님, 어떻게든 이 병을 고쳐 주십시오."
라고 하는 기도만으로 과연 좋을 것인가? 여기에 대해 좀 생각해
보자.

내가 폐결핵에 걸린 것은 1946년의 봄이었다. 요양소에 들어
가야 하느냐, 가지 말아야 하느냐로 망설이고 있을 때 어떤 종교
의 포교사가 찾아왔다. 그 당시만 해도 폐결핵에는 특효약이 없
었다. 스트렙토 마이신이나 파스, 하이드라짓 등이 일반 환자의
치료에 사용되어진 것은 그보다 수년 후의 일이었으므로 폐병은
매우 꺼려하는 병이었다. 나의 노래에도,

4년 만에 듣는 숙부(叔父)의 목소리도 순간
나를 보지도 않은 채 돌아가다니

라는 노래가 있는데, 폐결핵은 사람들이 가장 꺼리는 전염성이
강한 병의 하나였다. 그러한 나에게 누구보다도 먼저, 그리고 누
구보다도 만족스럽게 위문을 와 준 그 포교사의 따뜻한 인정은
눈물겹도록 고마웠다. 그 포교사는,

"폐병은 '예, 예' 하지 않기 때문에 걸리는 것이다."
라든가,

"색정(色情)의 인연이 오른쪽 폐에, 오만(傲慢)의 인연이 왼쪽
폐에 찾아온다."
라는 등의 말을 내게 들려주었다.

나는 그때, 젊은 남녀로서 연애를 하지 않는 사람은 없을 것이며, 어떤 인간이라도 오만한 마음이 없는 사람도 없을 것이므로, 이것은 누구의 마음에나 그러한 데가 있는 것이라고 생각했었다. 그러나 나는 별로 반발(反撥)도 하지 않은 채, 이렇게 하여 자신의 죄에 눈을 떠 가게 되는 그 이상한 포교에서 하나의 종교의 모습을 느끼곤 했다.

그러나 거기에는 잘못하면 병들어 있는 자를 위협하고 책망하는 것만에 그칠 수도 있는 우려가 다분했었다.

또, 후에 내가 그리스도교에 입신한 무렵 어떤 열렬한 신흥 종교의 신자가 내 머리맡에 와서 말했다.

"그리스도교와 같은 사교(邪敎)를 믿고 있으면 나을 병도 낫지를 않아요. 나와 함께 신앙에 들어가면 반드시 병이 낫는다오. ○○병의 환자도 ××병자도 모두 나았소."

하고, 집요하게 입신할 것을 권했다. 나는 설사 지금 곧 죽을 망정 나의 신앙은 바꿀 수가 없다는 것을 말하여 돌아가게 했지만 많은 병자들 가운데는 이러한 공갈과 유혹에 따라 유사 종교에 입신한 사람도 많은 것이다.

병은 확실히 낫고 싶다. 그것은 절실한 염원이다. 실제로 칠전팔도(七轉八倒)의 무서운 고생을 하는 병도 있으며, 날마다 고열에 시달려야만 되는 병도 있다. 나도 미열(微熱), 도한(盜汗), 식욕 부진, 권태감들 속에서 체중을 재어 볼 때마다 가벼워만 갔다. 때때로 혈담(血痰)도 나왔으며, 때로는 각혈(咯血)도 했다. 가족

54

들에게는 경제적으로 큰 부담을 안겨 주었다.

그런데 얼마 뒤 나는 그리스도교를 찾게 되고 그 기도 가운데서,

"하나님, 당신의 뜻이 계시다면 어떻게든 이 병을 낫게 해주시옵소서."

라고 소박하게 기도하게 되었다. 그리고 또 신자들이나 목사가 심방을 와서 내 병이 낫기를 기도해 주었다.

그 기도는 나에게 힘을 주었으며, 마음의 평안함도 가져다 주었다. 그렇게 하여 그럭저럭 약 1년 쯤 되었을까, 어느 날 갑자기 의문이 떠올랐던 것이다. '병이 낫기만을 위해 기도하는 것이, 대체 자신에게 있어서 무엇보다도 중요한 기도란 말인가?' 하는 의문이었다.

인간은 병이 난다. 그리고 낫는다. 그렇다면 병이라고 하는 것은 말하자면 이익도 손해도 없을 뿐이란 말인가? 약간 극단적인 논법일는지도 모르겠으나 병들기 이전의 자신으로 돌아갈 뿐이라면 병이라고 하는 것은, 자신의 인생에 있어 단지 공백의 기간이 있었던 것이 된단 말이가?

나는 어쨌든 병에 걸린 것이다. 그것도 폐병이라는 큰 병에 걸린 것이다. 이 병이 만약에 그저 나아 버릴 뿐이라면 그것은 얼마나 무의미한 일인가? 만약 나았다고 하더라도 나는 언젠가는 또 병이 날것이며, 그리고 언젠가는 죽는 것이다. 어떤 인간이건 언젠가는 반드시 죽는 법이다. 내가 병에 걸린 이상, 병자로서 생각해 보아야할 문제는 병을 고칠 노력을 함과 동시에 "죽음에 대해

생각한다"는 것이 아니겠는가? 그리고 "죽음에 대해 생각한다"는 것은 "삶에 대해 생각한다"는 문제와도 직결되는 것이 아닌가?

'어쨌든 병에 걸린 것이다.'

나는 병자로서의 자신의 생활을 근본적으로 재발견(再發見)해야겠다고 생각하기에 이르렀다. 그리하여 성서 가운데 「히브리서」를 읽어가다 굉장히 마음을 끄는 구절에 접했다. 그것은 다음과 같은 말이었다.

'이 사람들은 다 믿음을 따라 죽었으며 약속을 받지 못했으되 그것들을 멀리서 보고 환영하며 또 땅에서는 외국인과 나그네로 다 증거하였으니' (「히브리서」 11장 13절)

나는 이 성구를 발견했을 때의 말할 수 없었던 선망(羨望)의 생각을 잊을 수가 없다. 사람은 죽는다. 모든 사람은 죽는다. 반드시 죽는다. 그 죽음의 때에 사람은 무엇을 가슴에 안고 죽어 가는가? 병을 고치지 못한 원한인가? 다른 사람에 대한 증오감인가? 고독의 슬픔인가? 금전에 대한 집착인가? 육친(肉親)에 대한 끊을 수 없는 애착인가? 죽음에 대한 공포인가? 그렇지 않으면 하나님의 진실에 평안히 쉬는 소망인가?

'믿음을 안고 죽었다.'

얼마나 부러운 일인가? 나는 절실히 그렇게 생각했었다. 병이 낫기에 앞서 먼저 신앙을 갖는 것이 선결 요건이 아닐까? 굶주리고 목말라 하듯이 그렇게 생각했었다. 병이야 낫든지 안 낫든지 먼저 신앙을 나의 가슴에 안고 싶다고 생각했다.

어느 날 나의 신앙의 인도자가 찾아와서 언제나와 같이 나의 병이 낫기를 기도했을 때, 나는 말했다.

"병을 고치는 것보다도 참 신을 믿을 수가 있게 되도록 기도해 주십시오."라고

내가 이와 같은 심경으로 된 것은 결국은 자기 자신도, 나를 둘러싼 사람도 기도의 주축이 "병을 고쳐 주십시오"하는 것이었기 때문이다. 반복하고 반복해서 기도하라고 하는 것은 앞장에서 말했었지만, 새로이 자신의 삶의 방법을 생각케 해주는 것이다.

'이러한 기도를 해도 좋을 것인가?'

기도하는 사람들은 반드시 그와 같은 의문에 부딪치게 되는 것이다.

이리하여 얼마 후 나는 나의 집에 있는 아사히가와(旭川)를 떠나서 삿뽀로의 의과대학 병원에 입원했다. 그리고 1년 후에 세례를 받았던 것이다. 38도 열이 계속되고 척추 카리에스가 병발하여 병세가 심상치 않은 날들이 계속된 때 나는 이상하게도 평안한 마음이었다. 몇 사람인가의 환자를 맡은 별동(病棟)의 보조간호원이 나를 보살펴 주게 되었다. 어느 땐가 나는 그녀에게 이렇게 말했던 것이다.

"만약에 내가 이대로 위독하게 되더라도 결코 우리 집 사람들에게는 알리지 말아 주세요. 죽고 나면 알려 주세요."

지금 생각해 보아도 그때의 나는 죽음의 공포로부터 완전히

해방되어 있었다고 생각된다. 그것은 예수를 믿게 된 즐거움 때문이었을 것이다. 예수를 알게 된 즐거움 때문이었을 것이다. 예수를 알게 된 즐거움은 그 정도로 커다란 것이었다. 드러나운 채로 남에게 변기(便器)의 신세까지 지고 있는 처지(척추 카리에스 때문에 몸에 기브스를 했던 때문)이면서도, 나의 첫째의 일과는 친구들에게 그리스도를 전하는 일이었다. 나는 드러누운 채로 늘 편지를 썼다. 한 장 쓰는 데에 사흘이 걸렸다. 그것이 얼마나 즐거웠었던가? 병자가 즐거워지면 설사 병은 낫지 않고 있더라도 이미 그 병자는 그 병에 짓눌려 찌들어지고 있는 병자는 아니다.

세상에는 이처럼 기뻐하고 있는 병자가 많이 있다. 지난해 「내 은혜 네게 족하다」는 시가집(詩歌集)을 낸 바 있는 미즈노(水野源三)씨 등은 수족(手足)도 움직이지 못하고 말도 못하는 중증뇌성마비(重症腦性麻痺) 환자였는데, 그 사람들의 시나 단가(短歌)를 볼 것 같으면, 인간의 영성(靈性)의 높음에 감탄하지 않을 수가 없을 것이다.

또 한센씨 병에 걸렸던 사람들이 호흡 곤란증의 어려움 속에서도 신앙 때문에 기뻐하며 살아가고 있는 모습을 볼 것 같으면 병자가 맨 먼저 구해야 할 것이 무엇인가를 충분히 알 수 있을 것이 분명하다.

그러면 병든 사람들은 어떠한 기도를 하나님께 드리면 좋은 것인가? 나는 병 그 자체에 관해 기도하기보다도 자기 자신의 나날의 생활을 인도해 주십사, 하는 기도를 보다 더 많이 하는 것이 중요하다고 생각한다.

원래 인간은 누구나 자기 중심적인데, 병에 걸리게 되면 그 도(度)가 더욱 강해진다. 집안 사람을 불러서 곧바로 나타나지 않으면 발끈 화를 내기도 하며, 병세가 악화되면 불안하게 되어 신경질적으로 되거나, 주위 사람들을 못살게 군다거나 하여 병자의 주위가 매우 음울한 기운으로 되기 쉽다. 그러한 자신의 발견하고 솔직하게 하나님 앞에 기도를 해보면 어떨 것인가?

"주여, 나는 오늘도 초조하고 불안하여, 남에게 마구 화풀이를 하곤 하였습니다. 제발 이러한 저를 주위 사람들에게 동정심을 갖는 인간으로 바꾸어 주십시오. 아무리 작은 고마움에도 감사의 말을 할 수 있도록 상냥함을 주시옵소서. 자신의 위해 염려하고 있는 사람들에게, 마음이 명랑해지게 되도록 고운 말을 쓸 수 있는 인간으로 만들어 주십시오."

라는 등, 자신의 생활에 있어서 가장 필요하다고 생각되는 것을 하나님에게 기구(祈求)한다면 좋지 않을는지.

병든 때에 남의 일 따위를 어떻게 생각할 수 있을 것인가, 하고 말할지도 모르겠으나, 병자일지라도 남을 웃기기 위해서 농담을 말하고 있는 사람도 있으며 운신(運身)도 못하는데도 남의 상담에 응해 주며 언제나 사람들로부터 믿음직스러운 병자 노릇을 하고 있는 사람도 있다.

병이 들어 학교나 직장을 쉬지 않으면 안되는 상황 아래서라도 결코 인간은 쉬고 있을 수는 없다. 육체를 병들게는 할 수 있을 망정 몸의 병을 마음에까지 미치게 할 수는 없다. 병상은 자기에게 주어진 시련의 장소이다. 자신을 연단하는 장소이다. 그렇게 생각하고 적극적으로 자신이라고 하는 인간을 조금씩 바꾸어 나가면 어떨 것인가?

저택에서 요양을 하는 사람은 집안 사람들을 위로 격려하며, 입원가료중인 사람들은 주위의 환자와 의사나 간호원들을 위해 기도하라. 그런 일이 결코 불가능한 것은 아니다. 물론 대단한 고통 가운데 처해지면야 그렇게 할 여유가 없을 것이지만, 그러나 그러한 정황 속에서라도, 가령 말을 할 수는 없더라도 다른 사람에 대한 동정심을 베풀 수는 있는 것이다.

중증(重症)의 폐결핵 환자였던 어느 여성이 고통이 심한 나머지, 복도에까지 들릴 만한 소리로 신음을 하고 있던 적이 있다. 그런데 그녀의 위문하러 찾아온 같은 환우(患友)에게,

"미안해요, 귀찮으셨죠?"

하고, 사과를 했다는 이야기를 들었다. 그녀는 얼마 안 있어 죽었지만, 그녀의 그 말은 그 뒤에 얼마나 많은 환자들로 하여금 옷깃을 여미게 했는지 모른다. 그와 같은 삶을 우리 인간은 살아갈 수가 있는 것이다.

만약 병이 오래 끌기는 하지만 별로 고통을 수반하지 않는 사람이라면, 더욱더 많은 사람들을 위해 기도할 수 있으리라고 생각된다.

같은 환자들을 위해, 복지 정치를 위해, 세계평화를 위해

서…… 기도의 과제는 무궁무진할 것이다.

어느 암에 걸린 노인이 매일 2천 명의 사람들을 위해 기도하며, "바쁘다 바뻐!"라고 말하고 있었다는 이야기를 나는 들은 적이 있다.

또 우리 나라에는 '기도의 모임'이라는 것이 있어서 매일 오후 3시에는 전국 각지에서 환자들이 마음을 모두어 기도를 하고 있는 것이다. 이 모임의 회장은 니즈카와 시즈카(西川賤)라는 분인데, 그는 몇 십 년이라는 세월을 투병으로 보낸 용사이며, 그 멤버들 중에는 아직까지도, 이삼십 년을 누워만 지내는 생활을 하고 있는 사람들도 적지않다.

아무튼 자신의 일만을 위해 고생하고 괴로워하면서 하루하루를 보내는 환자와 전국의 사람들과 손을 맞잡고서 격려하고 위로하며, 건강인이 이룩할 수 없는 높은 즐거움의 세계를 만들어 내는 병자가 있다. 미즈노(水野源三)씨는 이렇게 노래하고 있다.

날마다 잊지 않고

편지만으로 한 번도 만난 적이 없다.

몇 년인가 전에 한 번 만났을 뿐, 얼굴은 잊어버렸지만

주 예수 그리스도를 만나고부터는

날마다 잊지 않고 한 사람 한 사람을 위해 기도한다.

눈만 깜박거릴 뿐, 죽은 자와 마찬가지로 드러누운 채로의 인생인 미즈노 씨의 시(詩)인 것이다.

제 5 장

죽음에 대하여

아무것도 염려하지 말고 오직 모든
일에 기도와 간구로, 너희 구할 것을
감사함으로 하나님께 아뢰라.

「빌립보서」 제4장 6절

얼마 전 시험 공부를 하고 있던 소녀가 책상 앞에 앉은 채로 피로에 지친 나머지 죽었다는 뉴스가 신문에 나왔었다. 그 어머니는 슬픔에 겨운 나머지 딸의 시체를 끌어안고 화장장으로 운반해 가는 것을 거절했다고 쓰여 있었다.

그 기사를 읽고 세상의 어버이 된 자, 남의 일이라고는 생각하지 않았을 것임에 틀림없다. 그 소녀는 아마 희망 학교를 목표로 오늘도 내일도 힘껏 공부를 하고 있었던 것일 것이다. 비록 괴롭더라도 입학 시험에 합격될 그날의 기쁨을 생각하고 갸륵하게도 견디고 있었음에 틀림없다. 그런데 시험일을 눈앞에 두고 갑자기 가버린 것이다. 더군다나 책상 앞에 앉은 채로 말이다.

우리들은 많든지 적든지간에, 살고 있는 한 사랑하는 자의 죽음과 부딪치지 않을 수는 없는 노릇이다. 남편, 아내, 아들, 부모, 형제, 친구 등 자신이 먼저 죽어 가지 않는 한 그러한 사람들과의 쓰라린 이별의 체험을 피할 수는 없다.

그리고 죽은 모양에도 여러 가지가 있다. 병사하기도 하고, 사고사를 당하기도 한다. 자살도 있고 또 타살도 있다. 그런가 하면 또 행방불명이라는 형태로 눈앞에서 사라져 버리는 일도 있다.

나는 세상에 태어나면서부터 오늘에 이르기까지 사랑하는 육친의 죽음을 몇 번인가 겪어왔다. 그 최초는 여섯 살짜리 여동생이었다. 동생은 병으로 죽었다. 동생이 죽었을 때 나는 너무나도 슬픈 나머지 유령으로라도 되어 나타나 주었으면 하고 어두운 밖으로 나가서 동생의 이름을 소리쳐 불러 보곤 했던 것이다.

두 번째는 둘째 오빠로서, 전병사(戰病死)였다. 35세였다. 이때의 장례는 오빠가 죽은 지 몇 개월인가 뒤에 우리 집에서 치러졌었는데, 이미 몇 개월이나 지났건만 그 슬픔에 나는 실컷 울었던 것이다.

아버지는 79세로 노쇠해서 돌아가셨다. 그 후 나는 1년 이상이나 아버지의 꿈을 꾸지 않는 날이 없었을 정도였다. 이미 8년이나 경과했는데도 아직도 한 달에 몇 차례인가는 반드시 아버지의 꿈을 꾸고 있다.

아버지가 돌아가신 지 2년 후에 남동생 하나가 또 죽었다. 그때 우리들 부부는 친정집에 있었다. 즐겁고 단란한 생활을 보내고 있는 가운데 동생이 교통사고를 당했다는 전화가 걸려 왔다. 동생은 횡단보도를 건너다가 과속 운전사 차에 치인 것이었다. 그로부터 2년여 동안 나는 거실의 전등불을 끌 때마다 소파에 앉은 동생의 모습을 보는 듯한 기분이었다. 그것은 동생이 우리의 집을 방문했던 마지막날 목욕탕에서 나와 반나인 채로 소파에 앉아 있었기 때문이다. 이 동생의 꿈도 나는 정말 많이 꾼다.

나의 자전(自傳)인 「길은 여기에」에는 나의 사랑하는 이의 죽음에 관한 이야기가 쓰여 있다. 그가 죽은 후 1년 이상이나 나는 그가 죽은 시간인 새벽 1시 14분이 지나지 않으면 도저히 잠을 이룰 수가 없었던 것이다. 그리하여 나는 그를 사모하는 〈만가(挽歌)〉를 속속써 나가게 되었다.

이상의 이야기를 통해 알 수 있는 바와 같이 나는 어느 쪽이나 하면 체념(諦念)을 잘 못하는 편이다. 슬픔이 깊은 편이다. 언제까지나 잊지 못한 채로 있는 쪽이다. 그러므로 사별(死別)의 괴로움이 남보다 몇 배나 더했던가 보다.

그렇지만 몇 차례인가의 이런 죽음을 겪어도 우리들은 여기에 익숙해질 수는 없다. 죽음은 뼈에서 살을 떠내는 듯한 강렬한 고통이기 때문이다. 이러한 때 인간은 도대체 어떤 기도를 드릴 수가 있는것인가. 인생의 가정 깊은 슬픔이 닥칠 때에 우리들은 진정으로 하나님을 향하여 기도할 수가 있는 것일까?

대부분의 경우 사랑하는 이의 죽음을 당했을 때, 사람들은 오직 슬퍼할 수밖에는 도리가 없는 것이 아닌가? 슬퍼하는 것도 좋다고 생각한다. 아니, 좋고 나쁘고가 없다. 슬퍼하는 것이 당연하다고 생각한다.

가령, 내 아들이 어느 나라인가의 왕이 된다고 하더라도, 그 때문에 영원히 헤어지지 않으면 안된다면 부모들은 기뻐하기보다는 슬퍼할 것이 당연할 것이다. 그러므로 죽은 사람에게 만약 신앙이 있어 반드시 하늘나라(天堂)로 갈 것으로 알고 있는 터일지라도 육친의 정으로서야 슬플 것은 당연하다고 하겠다.

메이지(明治) 시대의 크리스찬들은 장례식 때에도 "축하합니다"라고 말했었다고 한다. 그러나 죽은 자가 하나님 앞으로 가는 것이 아무리 고맙다고 하더라도 사별(死別)의 슬픔은 당연하다.

그런데, 슬플 때야말로 나는 기도의 필요성을 통절히 느끼는 것이다. 나의 아버지가 죽었던 때도, 동생이 죽었을 때에도 나는 하나님께 기도를 올렸었다. 기도하지 않고는 배겨날 수가 없었던 것이다.

그럼, 무어라고 기도를 했던가. 첫째로 사랑하는 사람의 죽음도 역시 감사할 일임을 가르쳐 주십사, 하고 기도했었다.

"사랑하는 이의 죽음이 왜 감사한 일인가?"

사람들은 이렇게 말하는지도 모른다. 그러나 성서에서는, 기도할 때에는 먼저 하나님께 감사를 드리라고 가르치고 있는 것이다.

'아무 것도 염려하지 말고 오직 모든 일에 기도와 간구로, 너희 구할 것을 감사함으로 하나님께 아뢰라. 그리하면 모든 지각에 뛰어난 하나님의 평강이 그리스도 예수 안에서 너희 마음과 생각을 지키시리라.' (「빌립보서」 4장 6~7절)

라고 쓰여져 있다.

모든 일에 감사하라고 한 것은 다른 말로 바꾸어 말하면 어떤 일이 있더라도 감사하라고 하는 뜻이다. 즉, 내 아들이 살든지 죽든지, 병이 나든지간에 감사하라는 말이다.

"저런, 엉터리!"

라고 분개할 사람도 있을 것이 틀림없다.

나는 동생이 45세를 일기로, 아내와 또 아직도 고교생, 중학생인 두 아들을 남겨 놓고 죽었을 때 먼저 그 동생의 죽음에 대해 감사할 수 있게 해주십사, 하고 기도했었다. 조용히 하나님 앞에 머리를 숙이고 동생의 일생을 생각했다. 동생은 원래 몸이 허약했고, 성장 발육도 다른 형제들에 비해 늦었었다. 목덜미의 중앙 부분이 선명하게도 움푹 패여 있던 희푸른, 어렸을 무렵의 목덜미가 지금도 눈에 선하게 떠오른다. 그 동생이 점차로 어른이 되어 45세까지 살 수 있었다고 하는 것은 역시 감사해야 할 일이었다. 아버지는 이 동생이 결혼할 수 있을지 어떨지 걱정이 태산 같으셨는데, 좋은 아내를 주셨으며 두 아이도 주셨다. 부부 사이도 원만했었다. 동생은 마음씨가 고왔고 누구에게나 친절했었다. 내가 오랜 요양생활을 하고 있을 때, 형제들 중에서도 가장 정성을 다해 보살펴 준 것이 이 동생이었다. 그는 그 나름대로의 인생을 신념을 가지고 살아 나갔다.

생각해 보면 그런 것들은 모두 감사해야 할 일이었다. 그가 만약 급성 폐렴을 앓았던 어린 시절에 죽었었더라면 45세의 인생은 없었다. 사람을 사랑하고, 사람들에게 사랑받던 동생의 인생은, 사실은 감사하고도 남을 일이었다.

'그렇지만……'

그 얌전한 동생이 왜 갑자기, 하필이면 무모한 운전사에 의해 죽음을 당하지 않으면 안되었던가? 죽은 동생의 호주머니에서 두 개의 호두알이 나왔다. 마흔 다섯 살의 동생은 아마 그 호두알을 손에 쥐고 쉬임 없이 손가락을 움직이며 뇌일혈(腦溢血)의 예방에 대해 강의하고 있었음에 틀림없다. 그 일을 생각하면 아직도 더 살 수 있는 동생의 운명을 무모한 운전사에 의해 빼앗겼다는 사실에는 솔직히 수긍할 수 없는 그 무엇을 느끼지 않을 수가 없었다.

참으로 인간의 죽음은 불의에 찾아온다. 어제까지 건강하게 잘 놀고 있던 아들이 오늘은 웬지 모르게 차가운 시체로 변해 버린다. 언제나와 같이 집을 나섰던 남편이 직장에서 갑자기 쓰러진다. 아니, 그러한 갑자기 닥친 죽음만이 불의의 일은 아니다. 가령 오랜 동안을 병상에서 지냈다고 하더라도 그것은 역시 주변의 사람들에게는 불의의 일인 것이다. 일방적으로 아무런 상의도 없이 한 사람의 인간이 죽어 간다.

더군다나 그것이 한창 일할 나이의 한 집안의 가장인 기둥이거나, 앞길이 창창한 젊은이의 죽음이라거나, 겨우 걸음마나 할 정도의 어린 아이의 죽음이었거나 할 때 그 죽음은 가족을 매우 실망케 할 것이 틀림없다. 말할 것도 없이 그것은 자신이 머리 속에 그려 보고 있던 미래가 빼앗겨 버렸기 때문이다.

집을 새로 지어 놓고 죽은 한 가장이 있었다. 오랫동안의 고생 끝에 간신히 이제부터는 좀 여유를 가진 생활을 할 수 있겠구나 생각하고 있던 때에 죽어 간 것이다. 남은 식구들은 적어도 1년만이라도 새집에서 살다 죽었더라면 하고 생각하게 된다. 그 생각이 한이 되고, 슬픔의 씨앗이 된다.

　내일 입학을 앞둔 아이가, 란드셀을 베개맡에 놓아 둔 채로 불에 타 죽은 사건이 아사히가와(旭川)에서 있었다. 어버이로서는 아이가 손꼽아 기다리던 초등학교에 하루라도 다녀 보고나 죽었어도…… 하고 한탄할 것이다.

　이와 같이 육친을 잃은 탄식은,

　'살아만 준다면 좀더 즐겁게 해줄 텐데…….'

하는 생각을 뿌리로 하여 한없이 펼쳐져 갈 것이다.

　그러나 과연 행복이 기다리고 있었던가, 그렇지 않았던가를 어떻게 인간이 알 수 있을 것인가? 어느 길을 가야 좋은가는 하나님만이 아시는 일이다. 우리들의 인생이, 우리들 어리석은 인간의 계획대로 되었더라면 좋았을 것인가? 우리들은 육친의 죽음을 통해서 많은 질문을 받고 있는 것은 아닐까?

　동생이 교통사고로 죽었을 때에 나의 가슴에 떠오른 성경 말씀은,

　"모든 일이 합동하여 유익하게 된다."

라는 말씀이었다. 나는 슬픔 속에서도 그 말씀의 확실성을 믿을 수가 있었다. 하나님은 사랑이시다. 하나님은 그 인간이나 주위의 사람들이 가장 좋은 때를 선택하여 죽음을 주었던 것이 틀림없다.

　그러므로 우리는 사랑하는 사람의 죽음을 앞에 하고 마음속으로부터 기도하지 않으면 아니 된다. 죽고 나서 기도해 봤자 다 쓸

데없는 일이라고 사람들은 생각할는지도 모르겠다. 그렇지만 만약 죽은 자에게 입이 있다면 죽어서야 비로소 하고 싶은 말이 있을 것이틀림 없는 일이다.

"나의 죽음을 계기로 진실하게 살아가는 길을 찾기를 바란다."

죽은 사람은 분명히 이렇게 말할 것이 틀림없다고 언제나 나는 생각하는 것이다. 죽은 자만이 자기의 삶을 한없이 통한(痛恨)을 품고 후회할 것이 틀림없기 때문이다.

죽은 자를 진정으로 애석해 한다면 살아 남은 자들이 죽은 자의 몫까지 충분히 살아가야 할 것이라고 생각한다. 그렇게 말해 주는 사랑하는 자의 음성에 귀를 기울여야 할 것으로 생각한다.

나는 주위 사람의 죽음에 접할 때마다 그동안 그 사람을 위해 나 자신이 해준 게 무엇인가를 언제나 반성하곤 했었다. 그때마다 느끼는 것은, 그 사람에 대해서 얼마나 내 사랑이 부족했었는가 하는 후회였다. 아버지가 죽은 때도, 동생이 죽은 때도 그러했었다. 현세적인 의미에서는 나는 그다지 아버지에게 불효하지도 않았으며, 형제간의 우애도 없는 편은 아니었다. 아버지의 집을 지어 드리기도 하고, 동생에게 용돈을 주기도 했다. 겉으로 보기에는 할 일은 했다.

그렇지만 "어떻게 살아야 할 것인가?" 하는 영혼의 문제에 관해서는 진심을 다해 대화를 한 적이 그다지 많지는 않았다. 그것이 언제까지나 내 마음에 걸렸던 것이다. 그리고 그런 까닭으로 인해서

그 후부터는,

"나는 이 사람에 대해 무얼 해주었는가?"

하고 후회하는 것이다.

그것은 아무튼, 우리들이 사랑하는 자의 죽음을 당했을 때 진정으로 기도할 것을 알지 못한다면 그의 죽음을 헛되이하고 있는 것이라고 생각되었던 것이다.

그래서 앞서 나는 먼저 감사해야 한다는 것을 썼다. 그럼, 그러한 경우에는 무엇을 기도할 것인가?

"하나님, 제가 사랑하는 자가 죽었습니다. 제발 그의 죽음이 우리 살아 남은 자들에게 어떤 의미를 지니는 것인가를 가르쳐 주십시오. 어긋남이 없이 그 죽음의 의미가 받아들여질 수 있도록 가르쳐 주십시오."

되풀이해서 이와 같이 기도해야 하지 않을 것인가? 그렇게 함으로써 죽은 자에 대한 자신의 태도뿐만 아니라, 다른 사람들에 대해서도 얼마나 사랑이 부족했었는가를 우리들은 점차적으로 깨닫게 되어질 것이다.

왜냐 하면 죽음의 의미를 올바르게 받아들이고자 할 때, 반드시 겸허한 자세로 자신을 반성해 보지 않고는 견딜 수가 없게 되기 때문이다.

앞으로도 말했다고 생각되나, 기도는 반드시 기도하는 자 자신을 변화시켜 간다. 슬픈 일을 만난 때에 만약 그 슬픔을 극복하기를 희망한다면 반드시 그것을 극복할 수 있는 힘을 주실 것이다. 최초에는 어느 누구도,

'이 슬픔을 남이 알아 줄 것인가?'

'이 슬픔으로부터 도망칠 길은 없다.'

'이 슬픔을 극복할 수 있는 힘 따위는 있을 수 없다.'
라는 둥, 절망적으로 되는 것이 보통이다.

그런데 제아무리 커다란 슬픔이라도 얼마쯤 시간이 지나가면 망각(忘却)이라는 작용에 의해서 그 슬픔은 희미해져 가는 법이다. 그러나 그것은 결코 슬픔의 극복은 아니다. 슬픔으로부터의 재기(再起)는 아닌 것이다. 참으로 사람의 운명을 애석해 한다면 그 죽음을 계기로 해서 인생에 있어서 가장 중요한 영혼의 문제로 돌아가 무엇인가를 포착해 내는 것이 진정한 의미에서의 운명을 애석해 하는 것이 되지 않을까? 시간이 흘러 원래의 자신으로 되돌아간다고 한다면 그의 죽음은 아무런 의미도 갖지 못한다.

한 사람의 죽음에 의해서 자신의 크게 변하는 것이 참으로 사람의 죽음을 애도하는 일이 될 것이다. 사랑하는 자의 죽음을 몇 차례나 겪고도 자신의 생활자세를 변화시키지 못하는 인생은, 매우 헛된 인생이라고 생각된다.

나의 소설 「시오가리도우게」의 주인공에 모델이 나오는데, 그 모델인 나가노(長野政雄)씨가 시오가리도우게에서 순직을 하자 직장의 사람들은 그 생활에 일대 전환을 가져 왔다. 그의 임종(臨終)을 지켜본 사람 중에 그의 부하가 하나 있었는데, 그는 나가노 씨의 죽음을 보고 자신도 그리스도 신자가 되었다고 나에게 말하고 있다.

아무리 슬프다 하더라도 기도를 드리면 참으로 힘차게 살아가게 될 날들이 반드시 오게 되는 것이다. 사랑하는 자가 없어진 이 세상에서 더 살아갈 용기가 없다고 생각하는 사람이 있을지도 모른다.

그러나 그 사람에게도 역시 기도를 하라고 나는 권하고 싶다. 살아갈 용기를 잃어버릴 정도의 슬픔이라면 그 마음을 알 만하다. 나 자신도 일찍이 기브스를 한 채 침대에서 누워 지내던 때에 사랑하는 사람을 잃고 그와 똑같은 생각에 사로잡혀 있었기 때문이다. 그때 나는 다음과 같이 노래를 읊었다.

'그대 죽고서 쓸쓸한 날들 뿐이지만
살아가지 않으면 안되는 병상에 누워서……'

그것은 차라리 죽는 편이 낫겠다고 생각할 정도로 괴롭고 슬픈 날들이었다.

그러나 죽은 사람들은 반드시 이렇게 말할 것이다.

"더욱더욱 살고 싶었다."고.

그리고 그것은 단순한 자신의 생의 연장을 원하고 있는 것만은 아니다. 보다 더 진실하게, 보다 더 겸손하게, 보다 더 사랑에 넘쳐 "살고 싶었다"고 원하고 있는 듯이 나에게는 생각이 되었다.

그러므로 우리들은 사랑하는 자가 원하고 있는 것처럼 살아가야 할 것이라고 생각한다.

그를 위해서는 역시 먼저 기도로서 구하지 않으면 안되는 것이 아닐까? 성서도 이렇게 우리에게 권면하고 있다.

'너희 중에 고난당하는 자가 있느냐 저도 기도할 것이요.'
(「야고보서」 5장 13절)

하나님은 언제 어떤 때도 사람들이 하나님께 기도해 간구할
것을 기다리고 계시는 것이다.

제 6 장

즐거운 때에 하나님

대저 사람은 자기의 시기를 알지 못
하나니 물고기가 재앙의 그물에 걸리고
새가 올무에 걸림같이 인생도 재앙의
날이 흘연히 임하면 거기 걸리느니라.

「전도사」 제9장 12절

"괴로운 때에 하나님을 찾는다"는 말이 있다. 이것은 즉, 사업이 잘 안되는 때, 몸에 병이 났을 때, 혹은 인간 관계에서 어떻게 할 수 없는 복잡한 일이 생긴 때 등, 괴로운 때에는 어떤 사람이나 하나님 앞에서 두 손을 모은다는 말일 것이다.

이러한 속담이 있다고 하는 것은 생활에 아무런 풍파도 일어나지 않는 때, 즉 무사 안일(無事安逸)한 때, 평화로운 때에는 하나님을 잊어버리고 지낸다는 뜻일 것이다. 즐거움의 절정에 있는 때, 득의 만면(得意滿面)의 때 등에는 보통 하나님을 생각도 않는다.

이것이 인간의 상정(常情)이다.

'즐거운 때에 하나님 찾기.'

이러한 말을 들어 본 적은 일찍이 한번도 없다.

그러나 실로 우리들은 즐거운 때에는 기도하지 않아도 좋은 것인가? 순경(順境)에 처해 있을 때에는 기도하지 않아도 되는 것일까? 그러한 때에는 정말 하나님께 기도할 필요가 없는 것일까?

1964년 7월 6일의 그날까지 나의 솔직히 말해 즐거운 날에 어째서 기도가 중요한지를 모르고 있었다.

그날은 내가 응모한 소설〈빙점(氷點)〉의 입선을 알려 주는 전화가 있던 날이다. 나에게 있어 그것은 전생애를 통해 흔히 있을 수 없는 기쁨의 날이었다.

신문사로부터 전화가 걸려오자 나는 곧 아사히가와(旭川) 영림국(營林局)에 근무중인 남편에게 입선의 소식을 전했다.

그날, 여느 날과 같은 시각에 퇴근한 남편은 바로 나를 2층 방으로 데리고 갔다. 그리고 나와 함께 앉아서 기도하기 시작했다. 하나님께 드리는 깊은 감사의 기도였다. 그리고 그때 남편이 했던 말을 나는 지금도 기억하고 있다.

"천만원의 상금을 받아 유명해지면 인간 바보로 되지나 않을는지……."

나는 그때 실로 많은 분들로부터 축하의 말을 들었다.

그런데 13년이 지난 오늘 아직도 똑똑하게 마음속에 새겨 두고 있는 것은 남편이 말한 이 "바보로 되지나 않을는지……."라는 말과 마음속을 파고드는 기도를 해주던 모습이다.

몇 번인가 다른 데에서도 썼지만, 인생의 위기는 사실은 즐거운 때에 있는 것이 아닐까? 순경(順境)의 때에 있는 것이 아닐까? 예로부터 위험한 길에서 구르는 자는 적다. 도리어 사람들은 탄탄대로에서 구른다고 말하고 있다.

그 때 만약 남편이 다만,

"아, 잘했어. 우선 한잔 할까?"

라고 말할 뿐의 남편이었더라면 나는 그 커다란 벅찬 기쁨을 참으로 절실하게 느낄 수가 없었을 것이 아닌가! '입선' 이라는 즐거움이 단순한 겉핥기의 감사로 끝나 버렸을 것이 아니겠는가!

그때 남편은 자만(自慢)의 절정에 오르는 것을 경계하여, 응모한 다른 7백 30명의 낙담을 동정했었다. 그리고 그렇기 때문에 받은 상금을 자신을 위해서가 아니고, 다른 사람들을 위해서 쓰여질 수 있도록 해 달라는 기도도 해주었다. 그리고 그 기도는 입선하기 이전부터 해 오고 있었던 터였다. 기뻐서 마음이 들떠 있던 때야말로 하나님의 인도를 받지 않으면 안된다는 것을 나에게 알게 해주었던 것이다.

그리고 1년 중에서 3, 4월은 고교의 진학, 대학 진학, 그리고 취직 등으로 젊은이들한테는 커다란 변화를 가져 오는 시기이다. 만약 난관을 돌파하고 진학을 하게 되거나 취직을 하게 된 때, 그 많은 젊은이들은 무엇을 생각할 것인가?

"나야말로 잘 치렀어."

하고 먼저 자신의 노력을 칭찬하고, 재능을 뽐내며, 자신에게만 그 영광을 돌리기 쉬운 것이 아닐까? 그러나 그 관문을 돌파할 수 없었던 많은 젊은이들에 대해서 안타깝다고 생각하는 마음이 얼마나 있는 것일까? 생각해 보면 그것은 자기의 인간성을 시험당하는 한 찬스가 아닐는지!

그럼 그러한 때에 우리들은 어떻게 기도할 것인가? 다음에 그 기도의 말을 적어 보고자 한다.

'모든 사람의 마음까지도 다 아시는 전능하신 하나님, 오늘은 제가 그렇게도 바라던 난관을 무사히 돌파시켜 주셨습니다. 진심으로 감사를 드립니다. 저는 자칫하면 자신이 다른 사람들보다도 나은 것 같아, 뽐내고 싶은 생각에 가득 차곤 합니다. 제발 자신의 노력, 자신의 재능만을 앞세우지 않는 사람이 되도록 도와주십시오. 마음을 안정시켜 당신 앞에 깊은 감사를 드릴 수 있도록 이 저의 마음을 인도해 주십시오. 어렸을 적부터 저를 지도해 주던 교사와 어버이의 노력 속에 양육되어진 자신이라는 사실을 생각할 수 있도록 도와주십시오. 또 이 때문에 주위 사람들이 베풀어 준 바 작은 동정에 대해서 크게 감사를 깨닫는 자가 될 수 있도록 지혜를 주십시오.

또 오늘 이처럼 기뻐하고 있는 저와는 반대로 슬픔을 맛보고 있는 많은 사람들에게 모멸이 아니라 큰 아픔을 공감할 수가 있도록…… 자신이 그 사람들보다 가치가 있는 인간인 것처럼 뽐내는 교만한 자가 되지 않도록…… 자신도 하나만 틀렸더라면 실패했으리라는 사실을 겸허하게 생각해 볼 수가 있도록 도와주십시오.

그리고 주어진 영예의 관(冠)을 허심탄회하게 받아들여 성실하게 걸어갈 수가 있도록 힘을 주십시오.'

만약 자신이 소원하는 대로 나아갈 수가 있는 젊은이들이 진심으로 이와 같은 기도를 드리고 하나님의 인도하심을 부탁하며 살아간다면 그것은 그 사람들의 행복만이 아니라 실로 많은 사람들의 행복도 될 것이라고 나는 생각한다. 그리고 그의 어버이, 교사, 선배들도 이와 같이 기도를 함께 할 수가 있다면 보다 더 큰 행복이라고 생각된다.

내가 결혼했을 때 남편이 한 말 가운데,
"한 사람의 결혼은 열 사람의 슬픔"이라는 말이 있었다. 그것은 나에게 있어서는 뜻밖의 말이었다. 그러나 잘 생각해 보니 그것은 당연한 말이기도 했다. 희망대로 진학을 하게 된 경우라든가, 취직된 경우에 비하여 결혼은 약간은 미묘하고도 복잡하다고 하겠다. 진학이나 취직의 경우는 저도 모르게 "만세!"라는 부르짖음이 터져나올 듯한 솟아오르는 환희감이 있지만 결혼은 보다 더욱 엄숙하다. 아무리 사랑을 하고 있는 두 남녀가 결혼을 했다고 할지언정 들뜬 감정만은 아닐 것이다.

아무리 사랑하는 이성 동지 사이의 결혼일 망정 긴 인생에 있어서 무엇이 기다리고 있는지 알 수 없는 것이다. 그러나 그런 사실에 눈을 뜨게 되는 것은 역시 결혼 당시는 아니고 몇 년인가 지난 후일는지도 모른다. 그리고 "한 사람의 결혼이 열 사람의 슬픔"이라 한 말의 의미를 알게 되는 것도 그와 같이 어느 정도의 세월이 필요한 것인지도 모른다.

나 같은 사람의 결혼에서도 지금에 와서 생각하면 슬퍼한 사람이 몇 사람인가 있었다. 나의 경우 13년간의 요양생활 뒤였으므로, 나이도 설흔 일곱이나 되었었으며 대부분의 사람들이 기뻐해 주었다. 그럼에도 불구하고 요양중에 나를 늘 찾아와 주던 한 친구는,

"기적을 저주한다."

고 편지를 보내 왔으며, 동생처럼 지내고 있던 열 살이나 아래인 친구는 편지 수취인 이름에 나의 지난날의 성(姓)을 꼭 부기(附記)해서 부쳐 왔었다. 그 밖에 나와 결혼하고자 원하고 있던 사람도 있었다.

37세가 되었어도 그와 같은 몇 사람인가의 사람이 있었던 것이다. 하물며 젊은이들의 결혼에는 복잡한 슬픔을 품은 사람이 더욱 많을 것이다. 그 슬픔을 간직한 사람은 꼭 이성(異姓)만은 아니다. 자신이 결혼하고자 생각하고 있던 상대를 빼앗기고 슬퍼하는 경우도 있을 것이고 질병이나 신체상의 장애로 결혼을 단념하지 않으면 안되는 사람들도 복잡한 생각에 싸이게 될지도 모른다. 형제들도 또한 그 형이나 누나를 빼앗기는 것 같은 쓸쓸한 감정을 느끼는지도 모르며, 부모들은 더 나아가서 가슴이 찢어지는 듯한 슬픔을 맛보고 있을는지도 모른다.

나는 결혼식에 초대받을 때마다, 그 양친의 모습에 주의를 기울였다. 신랑 신부가 꽃다발을 바칠 때 등, 남자의 어버이도 필사적으로 눈물을 참고 있는 것을 나는 종종 발견한다. 그러한 모습을 보게 될 때에, 나는 한 사람의 남자와 한 사람의 여자가 결합하는 기쁨의 그늘에는 괴로운 눈물이 있다는 사실을 생각하지 않을 수가 없었던 것이다.

그와 같은 생각을 사람들에게 갖게 하며 결혼하는 이상, 결혼이라고 하는 것을 더욱 폭 넓고 더욱 깊이 있는 것으로 받아들이지 않으면 안될 것이 아닌가? 그러므로 이 인생의 일대 거사에 잇어 두 사람이 마음을 합하여 기도하는 것은 절실히 필요하다고 생각하는 것이다.

우리들 부부는 결혼 첫날밤 창조주 앞에 무릎을 꿇고 함께 기도했었다. 그때의 감동은 결혼식의 감동에 결코 뒤지지 않았었다. 둘이서 함께 맨 먼저 시작한 것, 그것이 기도였던 것을 지금도 나는 사랑하는 하나님께 진심으로 감사한다.

그런데 결혼은 사람에 따라서 여러 가지로 경위(經緯)가 다른 것이다. 그러므로 기도도 한 사람 한 사람이 다 다를 것으로 생각한다. 그런데 기본적으로는 먼저 감사를 드려야 할 것이라고 생각한다. 어떤 기도나 그러하듯이 기도는 감사로 시작하는 것이 바람직하다.

그럼 먼저 어떻게 감사를 드리면 좋은 것인가? 첫째로 오늘날까지 두 사람을 지켜 인도해 주신 데에 대한 감사를 하나님께 드리지 않으면 안된다. 세계에는 몇 십억이라는 남녀가 있는데, 그 중에서 꼭 두 사람이 만나서 일생을 함께 한다는 이 일에 대해서 신비적인 즐거움을 느끼는 것은 인간으로서 당연한 일이라고 나는 생각된다.

그리고 두 사람을 낳아 길러 준 두 사람의 어버이, 또 서로를 소개해 준 선배나 친구, 결혼에 이르기까지 귀중한 어드바이스를 해준 사람들, 피로연을 열어 준 친구들, 모여서 축하해 준 사람들, 그 한 사람 한 사람에게 역시 깊은 감사의 생각을 가지고 그들에 대한 하나님의 축복을 기도해야 할 것이다.

나아가서 자신들이 결혼함으로써 슬픔에 젖어 있는 사람들, 괴로워하는 사람들, 상처받고 있는 사람들을 동정하여 그 사람들을 위해 전능하신 하나님께서 새 힘을 부어 주십사 하고, 하나님의 위로를 기도해야 할 것이다.

또 자신들이 쌓아 가려 하고 있는 가정이 한 걸음 한 걸음 하나님의 인도에 따라 쌓아져 가도록 기도하는 것도 잊지 말아야 할 것이다. 자신들의 가정을 해방적인 밝은 가정으로 꾸미며 친구들의 휴게의 장소로 할 것을 원한다든가, 혹은 두 사람만이 조용한 가정을 원한다든가, 모든 사람들 제각기의 직업이나 입장에 따라 다를 것이지만 그것도 또한 하나님의 인도에 맡겨 결정해야 할 것으로 생각된다.

우리 두 사람이 결혼했을 대 바랐던 것은 무언가의 형태로든 이 세상에 도움이 되는 가정을 꾸미는 것이었다. 특히 구주(救主) 예수 그리스도의 복음(福音)과 진리를 전한다고 하는 것이 그 중심이었다.

어떤 이들은 용기가 있다고 말할는지도 모른다. 그러나 나는 젊은 날의 출발에 그 정도의 용기쯤은 있어야 되겠다고 생각한다.

우리는 신혼 초야의 모습을 때때로 소설을 통해 읽기도 하고 영화를 통해 보기도 한 일이 있다. 그러나 그 중에서 두 사람이 하나님께 기도하는 장면 등은 본 적이 없다. 인생의 새로운 출발에 있어 이미 결혼식에서 맹세를 했으니 되었지, 하고 생각하는 것은 나로서는 무언가 슬픈 생각이 든다. 두 사람에게는 두 사람의 말로서 기도해야 할 말이 있어도 좋다고 생각한다.

그리고 그 기도가 그 최초의 날만이 아니고 날마다 함께 기도를 드린다면…… 하고 나는 생각하는 것이다. 가령 아직 하나님에 대해 알지 못하는 경우라 하더라도 적어도 그러한 방향으로 지향하고자하는 자세가 필요한 것이 아니겠는가?

결혼한 두 사람에게 기다리고 있는 다음 즐거움은 출산일 것이다. 나는 인생이라고 하는 것은 기쁨보다도 고통이 많다고 생각하고 있었다. 그것은 아마 착각을 하고 있었던 것인지도 모른다. 슬픔이나 고통은 언제까지나 마음에 남아 있으므로 기쁨보다도 인상이 깊은 것이다. 그래서 고통이 인생에 있어 더 많은 듯이 생각해 온 것일 것이다. 그런데, 생각해 보면 인생은 고통도 많지만 기쁨도 또한 많은 것이다.

남편이 17, 8 세 때 이웃의 이발사가 남편에게 이렇게 말한 적이 있었다고 한다.

"자네 정도의 나이가 가장 좋지. 뭐니뭐니 해도 색시감을 맞을 즐거움이 있기 때문이지. 색시를 얻어 버리면 인생에 별로 이렇다 할 즐거움이나 기쁨이 없는 거야. 아니, 또 있지. 그 다음은 아이를 낳게 되는 것이 즐거움이지. 그렇지, 아이가 생긴다는 것은 얼마나 즐거운 일인가. 그 뒤는 별 큰 일은 없지. 아니, 아이가 초등학교에 들어가는 것도 즐거움이지. 그리고 아이들이 상급 학교에 진학하게 되는 것도 커다란 즐거움이지. 응, 그 가운데 아이가 결혼을 하지. 이것은 커다란 즐거움이야. 그리고 또 손자가 탄생한다. 손자의 탄생도 아이들 이상으로 즐거운지도 모르지."

이 말을 들은 남편은, 그렇다면 인생은 즐거움 투성이가 아닌가 하고 그때 생각했다고 한다.

확실히 아이 하나가 탄생한다고 하는 것은 인생의 꿈과 희망이 한없이 용솟음쳐 오는 듯한 즐거운 일이다. 그러한 희망을 가져다 주는 고귀한 생명, 그 생명이 태어난 때에는 보통 종교심이 없는 사람이라도 의외로 무엇인가를 향해서 두 손을 합장하고 싶어지는 것이 아닐까. 모든 일을 합리적으로 쪼개서 생각하는 사람일지라도, 특별한 생명을 낳게 되는 단계에 이르러서는 그러한 냉정(冷靜)으로 임하지는 못할 것이다. 지금까지 순산(順産)의 경력을 가진 젊은이가 많다고 들었지만 그들도 출산할 때의 심정은 마찬가지일 것이다.

또 태교(胎敎)에 주의를 기울여 그리스도의 성화(聖畵)나 깨끗한 종교화(宗敎畵)를 방안에 장식하는 일도 있다고 들었다. 아무튼 자기 아이의 출생에 즈음해서는 아이를 낳는 아내도, 곁에 있는 남편도 함께 기도하고 싶어지지 않을 것인가. 제발 무사히 낳았으면 한다. 사내아이건 여자아이건 좋다. 오체(五體)가 만족스런 아기를 낳아 주었으면 하고 겸손한 생각을 하게 될 것이다.

그러한 두 사람 사이에서 아이가 무사히 얻어졌을 때의 즐거움은 얼마나 클 것인가. 건강하게 태어난 자기 아이를 가슴에 안고 그 아이의 일생을 위해서 기도하는 마음을 갖지 않는 아버이가 과연 있을 것인가?

"평범해도 좋으니 엉뚱한 길로 걸어가지 않도록."

"건강하게 살아 주었으면."

하고 겸손한 마음으로 될 것이 틀림없다.

나는 이 생각에 이르는 때를 하나님께 기도하는 커다란 계기로 삼는다면 어떨까, 하고 절실하게 생각하는 것이다. 신비한 생명을 허락해 주신 천지의 창조주이신 하나님께, 이 때야말로 사람은 진심으로 기도해야 할 것이 아니겠는가?

젊은 아버지와 어머니가 어린 아들을 가운데 두고 경건히 기도하는 모습, 그 성가족(聖家族)과 같은 자세야말로 우리들의 가정의 기본이 되어야 할 모습이 아닐 것인가? 그러한 기도에 의해서야말로 고귀한 생명은 참되게 양육되어가는 것이라고 나는 생각하는 것이다.

어쨌든 즐거운 때도 역시 괴로운 때와 마찬가지로 기도해야 한다고 생각되는 바이다.

제 7 장

하나님, 나와 함께 계시다

하나님의 말씀은 다 순전하며, 하나
님은 그를 의지하는 자의 방패시니라.

「잠언」제30장 5절

언젠가 사람들이 나에게 이렇게 말한 적이 있다.

"그리스도교에는 불교에서의 염불(念佛) 같은 건 없는 것인가? 나무아미타불이라든가 나무묘법연화경(南無妙法蓮華經)이라든가, 그러한 것은 없는 것인가?"

엄밀히 말하면 그리스도교에는 염불은 없다. 그러나 그것과 비슷한 말이 있다고 나는 대답했다.

"임마누엘 아멘."

이라는 말이다. 이것은,

"하나님, 나와 함께 계시다."

라는 뜻이다. '나무아미타불' 은 부처와 함께 있다는 의미인 듯한데, 아주 비슷하다. 그리고 '아멘' 이라는 말은 '참으로' 진실로' 라는 뜻의 말로서 진심으로 동의하는 말이며, 세계 공통의 말인 것이다.

그러므로,

"임마누엘 아멘."

이라고 말하면,

"하나님, 나와 함께 계시다. 진실로 그렇습니다. 감사할 일입니다."

나도 오랜 요양생활 중에서 갑자기 고독감 같은 것을 느낄 때는 자주 이 "임마누엘 아멘"을 외웠던 것이다. 그러면 이상하게도 전능자(全能者)가 나의 곁에 계셔서 꼭 지켜보아 주는 것만 같아서 마음이 평안하게 되었던 것이다.

또 무언가 좋지 않은 생각이 머리 속에 스쳐 갈 때,

"임마누엘 아멘."

이라고 외쳤었다. 하나님이 나와 함께 계셔 주시는데 하찮은 생각들에 몰두할 수는 없다. 이 짧은 기도는 악의 유혹으로부터도 나를 구해 주었다.

누군가에게 오해를 받은 때도 이 작은 기도의 말을 외운다. 그러면 가령 남이 오해를 한다 하더라도 전지 전능(全知全能)하신 하나님은 나의 모든 것을 알아 주신다는 기쁨이 용솟음쳤다.

진심으로 믿고 기도할 때 우리들은 이런 작은, 이런 짧은 기도에 의해서도 격려를 받고, 위로를 받고, 힘을 얻고, 인도하심을 받게 되는 것이다. 짧은 기도를 말하자니 한 가지 떠오르는 말이 있다. 그것은 가톨릭의 책에서 읽은 '사도(謝禱)'라는 말이다.

"어떻게 기도해야 좋을지 모르겠다."

라든가,

"기도가 어렵다."

라고 말하며 기도를 경원(敬遠)하는 사람이 있다. 그러나 기도는 반드시 길게 해서만 좋은 것은 아니다. 마음이 참으로 그리스도의 아버지이신 하나님께 향하고 있다면 아주 짧은 기도라도 좋은 것이다.

사도(謝禱)라고 하는 것은, 자신이 지금 문제로 삼고 있는 일들을 날마다 끊임없이 기도하는 것을 말한다. 만약 자신의 성격을 더 상냥하게 만들고 싶다고 생각하고 있다면 그것을 끊임없이 기도하는 것이다. 이것이 사도이다. 예를 들면,

"하나님, 제발 저를 상냥한 인간으로 바꿔 주십시오. 그리스도의 이름으로 기도합니다."

이것을 몇 차례고 반복하는 것이다. 그러면 자신의 마음이 어느 사이엔가 이끌려서 거친 말씨가 나오려고 하는 때에도 이제까지와는 다른 말투로서 사람들을 대할 수가 있게 되는 것이다.

우리들 인간에게는 여러 가지 문제가 많다. 또 자신의 마음을 자기 스스로 어떻게 할 수 없는 약한 존재이기 때문에 이러한 짧은 기도를 끊임없이 드려서 마음을 인도받는 일이 필요한 것이다.

"제발 남에게 악의를 품는 일이 없도록 도와주십시오."
라고 하는 사도,

"항상 감사하는 것을 가르쳐 주십시오."
라는 사도,

"제발, 화내기 쉬운 이 마음을 온화하게 만들어 주십시오."
라는 사도, 그러한 사도가 얼마 만큼 커다란 결과를 가져 오는가,

해보면 반드시 알 수 있게 된다고 듣고 있다.

　그리고 인간의 기도는 제아무리 논리정연한 말로, 제아무리 긴 기도를 한다 하더라도 소위 완전한 기도는 아니다. 그런데 실은 짧고도 완전한 기도가 있는 것이다. 그것은 그리스도가 제자들에게 가르쳐 주신 '주기도'라고 하는 것이다. 주기도란 구원의 주(救主), 즉 그리스도가 가르쳐 주신 기도라는 뜻이다.

　이 기도는 전세계의 교회의 대부분이 예배할 때에는 기도하고 있으므로 외워 두는 것이 좋으리라고 생각된다. 다소의 번역상의 차이는 있지만 그 기도의 완전성은 마찬가지이다.

　처음 교회에 나갔을 때,

　"주기도를 드리겠습니다."

라고 사회자가 말하는데도 무슨 소린지도 알지 못한다. 그 기도의 말씀을 다음에 소개해 본다.

　소개하기에 앞서 예수님이 기도에 대해 제자들에게 가르쳐 주신 말이 있으므로 그것을 인용해 두고 싶다.

　'기도할 때에는 위선자들처럼 하지 말라. 그들은 남에게 보이려고 회당에서나 큰길 모퉁이에서 기도하기를 좋아한다. 내가 진정으로 너희에게 말한다. 그들은 이미 받을 것을 다 받았다. 너는 기도할 때 골방에 들어가 문을 닫고 은밀한 데 계신 네 아버지께 기도하라. 그리하면 은밀히 보시는 네 아버지께서 네게 갚아 주실 것이다. 그리고 기도할 때에 이방인들처럼 빈말을 되풀이

하지 말라. 그들은 말을 많이 해야 들으실 줄 안다. 그러므로 그들을 본받지 말라. 너희 하나님 아버지께서는 너희가 구하기 전에 벌써 너희에게 필요한 것이 무엇인지를 다 아신다. 그러므로 너희는 이렇게 기도하라.'

'하늘에 계신 우리 아버지
이름이 거룩히 여김을 받으시오며
나라이 임하옵시며
뜻이 하늘에서 이룬 것같이
땅에서도 이루어지이다
오늘날 우리에게 일용할 양식을 주옵시고
우리가 우리에게 죄 지은 자를 사하여 준 것같이
우리 죄를 사하여 주옵시고
우리를 시험에 들지 말게 하옵시고 다만 악에서 구하여 주옵소서
대개 나라와 권세와 영광이 아버지께 영원히 있사옵나이다 아멘'
(「마태복음」 6장 5절~13절)

예수는 여기서 장황하게 기도하는 것에 대해 쓰고 있는데, 그것은 사람들이 기도하지 않아도 될 것을 남들에게 자신의 기도를 듣게 하려고 하여 미사여구(美辭麗句)를 늘어놓아 지루하게 기도해서는 안 된다고 하는 것을 가르치고 있는 것이다. 즉, 기도가

위선적으로 되는 것을 경계한 것이다.

그런데 대개의 교회들에서는 이 '주기도'를 찬송가(합동) 584
장에 쓰여 있는 말로서 부르고 있다. 현대의 성서는 이 기도의 말
도 전술한 대로 구어체(口語體)인데, 찬송가에는 문어체(文語體)
로 되어 있다. 요컨대 문체가 다를 뿐이다. 일동이 기도할 때는,
이 문어체에 따르는 것이 보통이므로 여기에 또 인용해 두기로
한다.

'하늘에 계신 우리 아버지
이름을 거룩하게 하옵시며
나라이 임하옵시며
뜻이 하늘에서 이룬 것같이 땅에서도 이루어지이다
오늘날 우리에게 일용할 양식을 주옵시고
우리가 우리에게 죄 지은 자를 사하여 준 것같이
우리 죄를 사하여 주옵시고
우리를 시험에 들지 말게 하옵시고 다만 악에서 구하옵소서
대개 나라와 권세와 영광이 아버지께 영원히 있사옵나이다 아
멘'

짧은 기도이며 이해하기 쉬운 말이므로, 긴 경문(經文)과 달라
매우 외우기 쉽다. 작은 교회 학교의 학생이라도 이 '주기도'의
말은 누구나 외우고 있을 정도이다.

이 짧은 기도는 "완전하다"고 말한다. 그러므로 짧기는 하지

만 깊은 의미가 내포되어 있다고 하겠다. 그러므로 신자들은 자신들의 말로서 기도한 뒤 그 마지막에 이 기도를 외운다. 자신의 기도의 산란함이나 부족함을 이 기도로서 완전하게 보전(補全)하고자 하기 때문이다.

여기서 이 '주기도'에 대해서 잠깐 공부해 두는 것이 좋겠다.

"하늘에 계신 우리 아버지."

이 한 줄을 먼저 생각해 보자. 이 호칭은 우리들 인간의 기도의 상대인 하나님이 어떤 분이신가를 보여 주고 있다. 그것은 먼저 하늘에 계신 신이신 것이다. 하늘이란 맑음, 높음을 의미한다.

"하나님과 같은 마음."

이라고 말할 때, 우리들은 한 점의 욕심도 없는 한없이 해맑은, 그리고 우아한, 청아(淸雅)한 마음을 생각하게 되는 것이다. "하늘에 계신"이란 그와 같이 추호의 더러움이 없는, 그리고 높으신 하나님의 인격을 의미한다.

'하늘'이라 하면, 우리들 땅에 사는 자와는 전혀 관계가 없을 정도로 격절(隔絶)된 세계를 상상할는지도 모른다. 우리들과는 아무 관계도 없는 것 같은 존재로 생각할는지도 모른다. 그러나 여기에서,

"우리 아버지."

라는 호칭이 사용되고 있다. '아버지'란 단적으로, 우리들 인간과 하나님과의 관계를 잘 나타내고 있는 말이다. 어버이와 아들의 관계, 이것은 얼마나 밀접한 관계인가.

일본인은 자칫하면 '신벌(神罰)' '천벌(天罰)' '불벌(佛罰)' 등의 말을 곧잘 사용한다.

평상시 약간 마음씨가 나쁜 인간이 상처라도 입게 되면,

"천벌을 받았다."

라든가,

"그건 불벌이다."

라고 말한다. 그러나 아버지이신 하나님은 그와 같은 인간을 저주하는 두려운 존재가 아니라,

"우리 아버지."

라고 부를 수가 있는 친한 존재인 것이다.

깨끗하고 바르고 높은 인격의, 그리고 아버지라고 부를 수 있는 사랑하는 분이 참 신이라는 사실을 이 서두의 말은 이야기해 주고 있는 것이다.

그와 함께 잊어서는 안되는 것은 이 '주기도'는 최초부터 최후까지 '우리'라고 되어 있다는 것이다. 즉, 단수(單數)가 아니라는 사실이다.

"나의 아버지"라고 하지 않고 있다. "우리 아버지"인 것이다.

그러면 '우리'란 누구와 누구를 가리키는가. 아버지, 어머니, 아내, 아이들, 형제 등 한 가정을 지칭하는 것인가? 아니다. 그것이 아니다. 이 '우리'의 수는 참으로 많다. 이 지구상의 한 사람도 남기지 않고 모두를 가리키는 것이다.

일본은 사방이 바다로 둘러싸여 있어서 이웃나라와 땅이 접속되어 있지는 않다. 그 때문에 참으로 민족주의적인 사고방식이

강해서,

"그리스도교 따위는 외국의 신이므로 믿을 수 없다. 일본에는 예로부터의 신이 있다. 일본의 신들을 숭배해야……." 하는 등, 이제와서 이렇게 말하는 이가 있다. 그러한 사람은 젊은 사람에게도 있으며 노인들 가운데는 더욱 많다.

그러나 우리들 인간의 참 신은 유일하다. 일본만의 신이라든가, 소련만의 신이라든가가 만약에 존재한다면 그것은 결코 참 신은 아니다.

그리스도가 보여 준 신은 '우리'의 신인 것이다. '우리'란 모든 인간을 가리키는 것이다. 그러므로 '주기도'를 외울 때는 소련 사람들을 위해서도, 미국 사람들을 위해서도, 중국 사람들을 위해서도, 일본 사람들을 위해서도, 한국 사람들을 위해서도, 아프리카 사람들을 위해서도, 유럽 사람들을 위해서도, 모든 인류 전체를 위해서 기도하고 있는 것이다.

그렇게 생각하고 주기도의 첫머리의 말을 소리로 내서 기도할 때 나는 그 깊은 풍요함에 경탄한다.

"하늘에 계신 우리 아버지."

얼마나 멋있는 기도의 말인가?

그 우리의 하나님께 맨 먼저 어떤 기도의 말을 올리는 것일 것이다. 예수는,

"이름을 거룩하게 하옵시며."

라는 기도를 가르치고 계시다.

나는 나의 책에다 사인을 부탁받을 때는 내 이름만을 쓰는 것

을 절대로 하지 않는다. 반드시라고 해도 좋을 만큼 성서의 말을 쓴다. 그리고 그 뒤에 이어 내 이름을 기록한다. 나의 책은 현재 (1978 년 말) 스물여덟 가지 정도가 출판되고 있으므로, 각각 그 책의 종류에 따라 그 책에 쓸 성구를 제각기 정해 두고 있다. 예를 들면 「길은 여기에」에는,

　"사랑을 참는다."

라는 말을 쓰며, 또 「시호가리도우게」에는,

　"하나님은 사랑이다."

는 등의 말을 쓰기로 결정하고 있다. 나의 책을 모두 사 갖춘 분들도 있을 것이므로 모두 다른 말을 쓰고 있는 것이다. 「덴보꾸하라노(天北原野)」의 상권에는,

　"이름이 높임을 받으시길."

　그 하권에는,

　"나라에 임하옵시길."

이라고 쓰기로 하고 있다. 이 두 가지는 좀 이해하기 어려운 말이라고 생각되지만, 사실은 '주기도' 에서 나온 말인 것이다. 그것은 그렇다 하고 인간으로서 하지 않으면 안되는 기도가 많이 있는데,

　"이름을 거룩하게 하옵시고."

라는 기도는 그 가운데서도 가장 중대한 기도인 것이다. '이름' 이란 무엇인가? 하나님의 이름이다. 하나님의 이름이 있을 것인가? 구약성서의 시대에는 '예호바(여호와)' 라고 부른 듯한데 이제는 그렇게 부르는 사람은 거의 없다. 하나님이라는 말은, 즉 하

나님의 이름이라고 나는 생각하고 있다.

　그럼 "거룩하게 하옵시고"는 어떤 것을 말하는가? 그것은 "거룩한 자로서 구별해서 취급할 일"이라는 의미인 듯하다. 하나님과 동렬(同列)에다 다른 것을 놓는다는 것은 안될 일이라는 것이다. 만약 여기에 하나님을 공경하고, 마찬가지로 태양을 공경하는 사람이 있다고 하자. 이 사람은 하나님과 태양을 동렬로 취급하고 있기 때문에 이름을 거룩하게 한다고는 말할 수 없다.

　하나님을 거룩하게 한다 함은 하나님 이외의 것을 신으로 섬기지 않고, 공경하지 않는다는 것이다.

　나는 어렸을 때, 마두관세음(馬頭觀世音)이건, 석지장(石地藏)이건, 무슨 신에게건 머리를 숙여 왔다. 즉, 그것은 무엇에 머리를 숙여야 하는지를 몰랐기 때문이다.

　예수는 여기에서 분명하게 "하늘에 계신 우리 아버지"를 거룩한 분으로서 공경하고 믿어야 한다고 가르치신 것이다. 그리고 그것은 우리들 인간이 기구(祈求)해야 할 토대이며, 근원인 것이다.

제 8 장

주기도

우리가 떼는 떡은 그리스도의 몸에
참예함이 아니냐. 떡이 하나요, 많은
우리가 한 몸이니, 이는 우리가 다 한
떡에 참예함이라.

「고린도서」 제10장 16~17절

앞장에서 주기도(그리스도께서 가르쳐 주신 기도)에 들어갔으므로 주기도문을 한번 더 여기에 소개해 보고자 한다. 대부분의 교회들에서 외우고 있는 것은 문어체(文語體)이므로 문어체로서 소개하기로 한다.

'하늘에 계신 우리 아버지
이름을 거룩하게 하옵시며
나라이 임하옵시며
뜻이 하늘에서 이룬 것같이 땅에서도 이루어지이다
오늘날 우리에게 일용할 양식을 주옵시고
우리가 우리에게 죄 지은 자를 사하여 준 것같이
우리 죄를 사하여 주옵시고
우리를 시험에 들지 말게 하옵시고 다만 악에서 구하옵소서
대개 나라와 권세와 영광이 아버지께 영원히 있사옵나이다 아

멘'

이 장에서는 이 주기도문 가운데,
　"나라이 임하옵시며"
를 중심으로 생각해 보고자 한다. 이미 여기에 주의를 기울이신
분도 있으리라 생각되지만, 예수가 가르쳐 주신 이 주기도의 커
다란 특징은, 그 반쯤까지는 하나님에 관한 기도이다. 물론 하나
님에 관한 것이라고 말하는 것은 우리들 인간에게 깊이 관련이
있는 일이기도 하다. 그런데 이러한 하나님에 관한 기도를 먼저
기도한다는 태도는, 예수에게 가르침을 받지 않는다면 도저히 알
수가 없었던 기도일 것으로 생각한다. 우리들은 누구에게도 가
르침 받지 않은 채로,
　"나라이 임하옵시며"
하고 기도한다는 것은 도저히 불가능하다. 그러므로 여기에 주
기도의 높음을 새삼스레 설명할 필요가 있는 것이다.
　그런데,
　"나라이 임하옵시며"
란 무슨 의미인가? '나라' 란 성국(聖國)' 이라고도 쓴다. 즉, 하나
님의 나라를 말하는 것이다.
　그럼, 하나님의 나라란 도대체 어떤 나라를 말하는 것일까? 하
나님의 나라라고 말하는 이상, 물론 다스리시는 분은 하나님이시
다. 인간이 아니다.
　우리들이 사는 지상(地上)의 나라들에서는 인간이 통치하고

있다. 실로 많은 경우가 금권 정치(金權政治)에 의해서 돈을 흩뿌리는 자가 권력의 자리에 앉는다. 거기에 무슨 정치가 베풀어질 것인가는 두말할 나위도 없다. 수회(收賄)가 있고, 이권 투쟁(利權鬪爭)이 있으며, 차마 눈뜨고 볼 수 없는 파벌 싸움이 설쳐댄다. 공해(公害)가 있고, 약자(弱者)를 돌보아 주지 않고, 재판도 때로는 불공편으로 기울여진다. 곰곰이 생각해 보면 어디에 하소연할 데 없는, 분개심을 느끼게 하는 것이 이 세상 나라들의 모습니다.

그런데 하나님의 나라는 그것과는 다르다. 하나님은 절대로 거룩하며, 절대로 올바르고, 절대로 청순하며, 절대로 사랑이시다. 여기에 빈부(貧富)의 차가 없다. 이곳에서는 모든 자가 공평하게 취급된다. 한 사람으로서 권력을 뽐내는 자는 없다. 자신만이 부하다는 것은 용납될 수 없는 것이다. 전쟁도 물론 없고, 고통도 없다.

그러한 하나님의 나라의 도래(到來)를 기도하는 것이,

"나라이 임하옵시며"

라고 하는 기도이다.

이 주기도는 예수가 제자들에게 가르친 때로부터 지금에 이르기까지 2천년 동안 매일매일 세계 각국의 도처에서 기도되어 온 기도인 것이다. 하루라도 이 기도가 없었던 날은 이 지상에서 없었던 것이다. 이것은 결코 인류가 중단해서는 안되는 기도라고 나는 믿는다. 이러한 기도야말로 참으로 인간이 가져야 할 고상한 기도라고 해야하지 않겠는가?

이 하나님의 나라가 임한다는 것은 우리들 인간의 염원(念願)임과 동시에 하나님의 염원이기도 하다. 그러나 그것이 좀처럼 실현되지 않는 것은 도대체 무엇 때문인가? 그것은 우리들 인류의 하나님에 대한 반역심(反逆心) 때문일 것이다.

우리들의 본심은 결코 깨끗함도, 올바름도 바라지 않는 무책임한 생활 자세이다. 우리들은 자신만이 이득을 보겠다고 하는 자기 중심적인 생각에 가득 차서 하루하루를 살고 있다. 남편은 아내 몰래 바람을 피우고, 아내는 또 그 남편을 배신한다. 시어머니는 며느리를 학대하고 며느리는 시어머니에게 반항한다. 자기가 낳은 자식을 길바닥에 버리는 부모가 있는가 하면, 늙은 부모를 버리고 돌보지 않는 자식들도 있다.

이러한 일들이 그다지 드물지 않다고 할 정도로 이 세상에는 자기 중심적으로 행동하는 이기주의자들이 많다. 자기 중심적인 동안은 결코 하나님의 나라는 임하지 않는다. 하나님의 나라는 오로지 하나님의 지배를 대망하는 데에 있다. 이렇게 생각하면 우리는 무엇보다도 먼저 자신의 마음을 하나님이 지배하시는 것을 바라지 않으면 안된다고 하겠다. 그것이 다음의 넷째 번 기도,

"뜻이 하늘에서 이룬 것같이 땅에서도 이루어지이다"

라고 하는 기도로 발전한다. 즉, 이 못난 자신이 지배하는 것이 아니라 하나님의 뜻이 자기의 마음을 지배해 주시기를 바라는 것이다.

우리들 인간은 본래, 자신이 손해를 보지 않고 살아가려고 하는 존재인 것이다. 유쾌하게 살고 싶어한다. 즐겁게 살고 싶어한

다. 이익을 추구한다. 이것이 대부분의 인간의 모습인 것이다.

그런데 하나님은 때때로 우리에게 생각지도 않았던 고난을 가져다 주는 수가 있다. 병이 나는 수가 있는가 하면 사랑하는 자를 잃는 수도 생긴다. 사업에 실패하는 수도 있으며, 결혼이 파탄에 이르는 수도 있다. 그것이 제아무리 고통스럽더라고 하나님의 뜻을 구하는 이상, 우리들은 솔직하게 그것을 받아들이지 않으면 안된다.

앞에서도 말했지만 나는 폐결핵과 카리에스로 누워 있을 때, 병을 낫기 위해서보다도 하나님의 뜻이 내게 함께 해주실 것을 늘 기도했었다. 나는 몸도 마음도 약한 인간이므로 맨 처음에는 다음과 같이 기도했다.

"당신의 뜻대로 이루어 주소서. 그리고 언제라도 기도할 수 있는 힘을 주시옵소서"라고.

기도란 이상한 것이다. 이렇게 기도하고 있는 가운데 나는 나 자신도 생각지 못했던 평안함을 누리게 되어갔던 일을 기억하고 있다.

'우리들은 도저히 그런 기도는 할 수가 없어.'
라고 생각할지도 모른다. 그러나 아무튼 기도하고 볼 일이다. 이 기도는 2천년간을 이어져 내려온 것이다. 그 수는 비록 적었다고 하더라도 어떻든 하나님의 뜻이 이 땅 위에 이루어지기를 기도했던 사람은 끊이지 않았던 것이다. 그리고 그 사람들은 모두 우리들과 똑같은 평범한 약한 인간이었던 것이다.

물론 그 가운데는 역사상에 이름을 남겼던 인물도 있다. 그리스도인이란 이유 때문에 박해를 당하기도 하고 살해를 당한 사람들도 있다. 그러나 대부분은 결코 강한 인간은 아니었다. 그 한 사람 한 사람에게 하나님은 사랑으로 살아 나갈 수 있는 힘을 내려 주셨던 것이다. 즉, 뜻을 이루어 주셨던 것이다.

그 다음의 기도는,

"오늘날 우리에게 일용할 양식을 주옵시고"

이다.

앞에 말한 네 가지 기도는 하나님에 관한 기도였는데, 여기서 급전 직하(急轉直下)하여 일상적인 기도로 변한다. 정직하게 말해서 나는 주기도를 알기까지는,

"오늘날 우리에게 일용할 양식을 주옵시고"

라는 등의 기도를 한 적이 없었다. 이것은 대부분의 사람들도 마찬가지일 것이다. 자기의 고민을 해결해 주었으면, 사업이 번창되었으면, 병이 나았으면 하는 기도는 한 적이 있지만, 하루하루의 양식이 주어졌으면 하고 기도하지는 않는다.

"햇님과 쌀밥은 뱅뱅 돈다."

라는 말이 옛날부터 있다. 그런데 날마다 양식을 구한다는 것은 쓸데없는 기도가 아니겠는가?

하루 세 끼씩의 식사가 주어진다고 하는 것은 생각해 보면 결코 보통의 일은 아니다. 아니, 실로 커다란 은혜인 것이다.

왜냐 하면, 만약 우리들의 근친자에게 교통사고가 일어난다거나, 가출인(家出人)이 생긴다거나, 또는 부부 어느 쪽인가에 배신의 행위가 있거나, 가족이나 친척 사이에 심각한 다툼이 있거나,

112

또는 가정에 사망자가 생기는 사태가 있다면 며칠 동안은 음식이 제대로 목구멍으로 내려가지 않는 현상이 일어날 것이다.

눈앞에 아무리 많은 식량이 있다고 하더라도 그것이 목구멍을 거쳐 식도(食道)를 타고 잘 내려가지 않는다면 그것은 없는 것이나 마찬가지다. 그렇게 생각해 보면 마음속에 걸리는 아무런 걱정이 없는 평안한 나날이라는 것은 실로 커다란 은혜라고 할 수가 있는 것이다.

일용할 양식을 주옵시고, 라는 기도 가운데는 이 무사 평안에 대한 감사도 포함되어 있다고 해도 좋을 것이다. 물론 자기 자신의 건강이 유지되고 있지 못한다면 제대로 식사를 추구하는 것이 불가능 할 것은 당연한 일이다. 그러므로 건강을 위한 기도도 이 속에 포함되어 있다고 말할 수가 있겠다.

그런데 앞에서도 말했지만 주시도는 모두가 '나' 개인의 기도가 아니고 '우리' 의 기도로 되어 있다.

자기만이 날마다의 일용할 양식을 받으면 그만이라고 생각한다면 안된다. 이 세계 속에는 아직도 굶주리고 있는 나라들이 있다고 들었다.

동남아시아의 어느 나라의 야위어빠진, 배만이 커다란 아이들의 비참한 모습을, 굶주리고 있는 사람들이 한 공기의 죽을 배급받기 위해서 긴 행렬을 지어 늘어서 있는 것을 언젠가 텔레비전을 통해서 본 적도 있었다.

일용할 양식을 우리에게 주옵시고, 하는 기도는 이 굶주린 사람들을 위한 기도이기도 한 것이다. 이렇게 기도하는 이상, 우리들은 오늘의 양식을 얻지 못하는 사람들을 위해 무언가를 할 책임이 있다. 그 책임의 확인을 이 기도에 의해 촉구받는다는 것도 알아야 할 것이다.

또 "일용할 양식"이라는 말은 단순한 음식물에만 국한되지 않고 생활의 전부를 가리키고 있다고 생각해도 좋겠다. 즉, 인간이 살아가는 데에 필요한 의식주 전반이 이 '양식'이라는 말에 포함되고 있다고 생각한다. 뿐만 아니라 우리 정신의 양식, 영혼의 양식까지도 말이다.

그렇게 되면 '우리'라고 말하며 기도하는 우리들의 자세가 의문을 받게 된다. 공해 문제, 노인 문제, 신체 장애자의 문제 등등, 이 기도에 의해서 갖게 되는 관심은 다시금 더욱 커질 것이다.

다음에는 다른 관점에서 이 기도를 생각해 보고자 한다.

"오늘…… 주옵시고"

라고, 왜 오늘 하루에만 한정시켜 기도하는가? 어차피 기도하려면,

"평생 동안 주시옵소서"

라고 기도했으면 더 좋았을 것이 아닌가.

그러나 나는 이 '오늘'이라는 말에 함축되어 있는 의미의 깊이가 실은 중요한 것이라고 생각된다. 오늘의 양식을 주시는 것만으로 만족스럽게 생각하는 데에는, 탐욕도 없으며 걱정도 없다. 그 탐욕이 없고 걱정이 없는 것이 우리들의 마음을 깨끗하게 만들어 줄 것 같은 생각이 든다.

114

성서에는,

"하루의 고생은 하루에 족하니라."

고 한 유명한 말이 있다. 이것은 내일의 일까지 미리 걱정을 하지 말라는 뜻이다. 인간이라고 하는 자는 미리 걱정을 하기 시작하면 한이 없다. 다음에서 다음으로 걱정이 꼬리를 물고 잇달아 생겨난다. 즉, 하나님께 오늘의 양식만을 기구한다고 하는 것은 하나님께 대한 절대적인 신뢰를 말하고 있다. 그리고 또 "오늘도" 라는 말에는 어제까지 확실히 받아 온 사실에 대한 인정과 감사가 포함되어 있는 것이다. 내일의 일은 내일 또 기도하면 되는 것이다.

"양식을 평생 주시옵소서"

라고 기도함으로써, 날마다 받고 있는데 대한 인정이나 감사가 없다면 그것은 참 의미의 기도는 아니다. 기도란 하나님과의 대화이다. 어린 아이가 배가 고플 때에,

"엄마, 배고파."

하고, 어머니에게 호소하듯이 그때그때 안심하고 하나님께 기구하면 되는 것이다.

이 기도에 대해서는 여러 가지 주해서(註解書)에서 여러 모양으로 해석이 되어져 있다. 아마 신앙인이라면 목사(牧師)의 설교 가운데서 몇 차례인가를 들어 왔을 것이다. 그 하나로 '일용할 양식', 즉 빵은 예수를 말하는 것이라고 들은 적이 있을 것이다. 예수는 십자가에 매달리시기 전에 제자들과 최후의 만찬을 드셨다. 그때의 모습이 성경에는 다음과 같이 쓰여 있다.

'떡을 들어 감사하고 이것을 떼어 제자들에게 나누어 주며 말했다.'

"이것은 너희들에게 주는 내 몸이다. 나를 기념하기 위해 이렇게 행하라."

또 다음과 같이도 쓰여 있다.

'하늘로부터 너희에게 참된 떡을 내려 주시는 분은 내 아버지이시다. 하나님의 떡은 하늘로부터 내려 와서 이 세상에 생명을 주는 것이다.'

그들이 예수께 말했습니다.
"주님, 그 떡을 항상 저희에게 주십시오."
예수께서 그들에게 말씀하셨습니다.
"내가 곧 생명의 떡이다. 내게 오는 사람은 결코 주리지 않을 것이요, 나를 믿는 사람은 언제나 목마르지 않을 것이다."
즉, 우리들이 날마다 살아가고 있는 것은 단순히 입으로 들어가는 식량에 의한 것만은 아니다. 식량만 있으면 살아갈 수 있다고 하는 것이라면, 개나 돼지와 다를 것이 없을 것이다. 인간에게 있어 필요한 것은 하나님의 말씀이 아니겠는가. 진리가 아니겠는가!
그 누구나 알고 있는 성경의 말씀인,

"사람은 떡으로만 사는 것이 아니라 하나님의 입으로 나오는 모든 말씀으로 사는 것이다."

를 나는 여기서 연상한다.

"오늘날 일용할 양식을 주옵시고"

라는 기도에는,

"오늘도 하나님의 가르침을 주십시오."

라는 염원이 숨겨져 있는 것이다.

현대의 일본은 확실히 물질적으로 풍요로워졌다. 먹지 못해서 굶주려 죽는 사람은 우선 없다고 해도 옳을 거이다. 수입이 적은 집에는 생활 보장의 제도도 되어 있으며, 그런 의미에서는 2차 대전 때에 비해서 많은 차이가 있다.

나의 초등학교 시절에는 도시락을 못 가져 오는 학생이 한 클라스에 몇 명씩은 있었던 것이다. 우리 학교의 경우, 그런 학생들에게는 학교로부터 도시락이 제공되었었지만, 모든 학교가 그런 것은 아니었다.

최근 수년 동안, 나는 파티 석상에 나갈 때면 마음이 아팠다. 그것은 사람들이 차려 나온 음식물들을 너무도 많이 남겨서 결국 버려지기 때문이다. 그 남겨진 음식물들을 통에다 마구 긁어 담는 것이다. 먹다 남기는 자나, 처리하는 자나, 이 남겨진 밥에 만성이 되었는지 남겨진 것에 대한 아픔을 전혀 느끼지 않고 있는 듯이 보였다.

옷가지도 풍부해졌다. 몇 번인가 손을 거치게 되면, 이제 다음 유행을 좇아 새것을 사들인다. 승용차이건 제품이건간에 '소비는 미덕(美德)'이라고 하는 무서운 병이 들어 써버리고 다니는 시대가 계속 되고 있다. 즉, 물질적 번영이 가져 온 부산물(副産物)은 무엇이었던가? 그것은 마음의 황폐, 정신의 퇴폐를 불러들였다는 생각마저 들게 한다. 물질의 생명을 중요시하지 않는 사람이 인간의 생명을 참으로 중요시할 수는 없는 것이 아니겠는가!

　이러한 시대에 처해, 하나님 앞에 머리를 숙이고 날마다,

　"일용할 양식을 주옵시고"

라고 겸허하게 기도하는 것은, 인간이 살아가는데 있어 얼마나 중요한가를 나는 새삼스럽게 생각하게 되는 것이다.

제 9 장

너, 심판하지 말지니

그러므로 남을 판단하는 사람아, 물론 누구든지 네가 핑계치 못할 것은 남을 판단하는 것으로 네가 너를 정죄함이니 판단하는 네가 같은 일을 행함이니라.

「로마서」 제2장 1절

"불유쾌한 것 만큼 죄는 없다."

고 괴테는 말하고 있다. 보통 우리들은 자신의 죄를 죄라고 생각하는 일은 드물다. 그러므로,

"당신에게는 죄가 있다."

라는 등의 말을 듣게 되면, 내게는 죄가 없다고 마음속으로부터 반발한다. 만약 괴테의 말대로 불쾌한 것이 죄라고 한다면, 이 세상에 죄를 범하지 않은 사람이 한 사람이나 있을 것인가? 태어나서 죽기까지 한 번도 불쾌해 본 적이 없었다고 말할 사람은 아마 한 사람도 없을 것이다. 그렇다고 한다면 모든 사람이 죄인이라는 말이 된다. 불쾌하게 될 이유가 있든지 없든지간에 '불쾌'는 내 주위의 사람들을 어둡게 만든다. 아무리 즐겁고 명랑한 기분으로 집에 돌아오더라도 아내가 뾰로통해 가지고 잔뜩 부어 있거나, 또 아내가 즐거운 기분으로 남편을 기다리고 있었다고 할지라도 남편이 잔뜩 찌푸린 얼굴을 하고 돌아오고 보면 일시에 즐

거운 마음은 사라져 버릴 것이다.

자신이 무언가의 이유로 유쾌하지 못하다고 해서, 그것을 얼굴의 표정이나 태도에 나타내어 남까지 불유쾌하게 만들어 버리는 것은 확실히 자기 중심적인 좋지 못한 행동임이 틀림없다.

실은 이 자기 중심적이라는 것이 종교상의 죄인 것이다.

사람들은, 죄인이라는 소리를 듣게 되면 형무소에라도 들어가 있는 살인범이나, 사기범, 절도범 등을 연상할 것이다. 그러나 죄인이라는 단어를 보고 곧 자기 자신의 모습을 연상하는 자는 한 사람도 없을 것이 아닌가?

우리들은 죄가 많다고 하는 말을 들어도, 죄인이라는 말을 들어도 그것이 어떻게 해서 자기와 밀접한 관계를 갖는가 따위는 흔히 생각을 하지 않는다. 그것은 양심이 무디든가, 죄의식이 마비상태이기 때문일 것이다.

그런데 인간이 참으로 죄가 크다고 하는 것은, 우발적으로 살인을 했다든가, 우연히 도심(盜心)이 발작을 해서 남의 물건을 훔쳤다든가 하는 것 이상으로 더 농도가 짙은 흉악한 것인 것이다. 어떤 사람이 이렇게 말하며 탄식하고 있던 것을 나는 감동적으로 들은 적이 있다.

'나는 사람들 앞에서 남의 험담을 말한 적이 없다. 아니, 뒤에서도 그런 말을 한 적이 없다. 그러나 마음속으로는 언제나 여러 사람들을 욕을 하거나 멸시하거나 하고 있다. 그 사람을 앞에 하고는 한번도 그러한 일을 생각한 적도 없다는 듯이 싱글거리며,

사이가 좋은 듯이 대화를 하곤 했다. 얼마나 못난 인간인가. 자신이 미워지기까지 한다.'

이러한 사람들에게 있어서 '죄'라는 단어는 자기 자신을 나타내는 이외의 아무 것도 아닌 것일 것이다. 이 뭐라 표현하기 어려운 못난 자신을 어떻게 해서 해결할 것인가. 그것은 역시 남의 위안으로서도 아니요, 자기 변호로서도 아니요, 오직 기도함으로써 하나님의 용서를 구하는 길 밖에 없는 것이다.

주기도의 다섯째 번 기도는, 실은 이 죄 때문에 하는 기도이다.

"우리가 우리에게 죄 지은 자를 사하여 준 것같이 우리 죄를 사하여 주옵시고."

교회에서는 이 기도를, 예배할 때에 반드시 드리는 것이다. 이 기도를 외운다고 하는 것은 자신은 죄인이란 고백이기도 하다. 그리스도는,

"우리 죄를 사하여 주옵소서."

라고, 명확히 죄의 용서를 비는 말을 가르치셨다. 그러므로 자신에게 죄가 있다고 생각되지 않는 사람은 이곳을 뛰어 넘기면 되는 것이다. 용서받아야 할 죄가 없는데도 용서해 주십사고 기도할 필요는 없기 때문이다.

그런데 우리들 인간 가운데,

"이 기도는 나에게는 필요가 없다"고 단언할 수 있는 인간이 있을 것이가?

이 기도를 배우는 기회에, 이제 약간 죄에 대해 고찰해 보고자 생각한다. 왜냐 하면 내가 이와 같이 쓰고 있어도 "자신은 무엇

하나 딱 꼬집어 낼 만한 죄는 범하고 있지 않다"고 말하는 사람이 있을는지도 모르기 때문이다.

죄란 '목적 이탈'의 일이라고 목사로부터 듣고 있다. 살아가는 목적을 어디에 두는가 하는 것은 우리들 인간에게 있어서 중요한 일이다. 이 목적을 즉 '과녁'이라고 생각해도 좋다. 사실은 우리들 인간이 나아가야 할 목적이라고 하는 것은 '하나님'으로밖에 될 수 없다고 생각한다. 그 하나님의 쪽을 향하지 않고서 걸어간다고 하면, 자신으로서는 날마다 한결같이 일심(一心)으로 걸어나갈 생각이더라도 점점 하나님으로부터 멀어져만 가게 된다. 그것은 동쪽으로 나아가야 할 인간이, 뭔가 잘못되어 서쪽으로 나아가는 것과 닮고 있다. 걸으면 걸을수록 목적으로부터 멀어져만 간다. 이것이 죄인 것이다.

언젠가 어디엔가 쓴 것으로 생각되는데, 우리들 부부는 여행 도중 어느 시골 마을의 축제에 뜻하지 않게 참여한 적이 있었다. 평생에 그러한 짓을 한 번도 해본 적이 없는 남편이 노점의 사격장에서 백엥어치 정도 게임을 즐긴 적이 있었다. 꽤 정확히 과녁을 노렸다고 생각되는데도 탄환은 목표를 벗어났던 것이다. 나중에 사람들에게 들으니 총신 그것이 굽어 있어서 과녁을 벗어나는 것이라고 들려주었다.

이것은 마치, 자기 자신으로서는 하나님에게로 향하고 있다고 생각되더라도 우리들의 마음이 비뚤어져 있어서, 하는 말이 모두 하나님의 마음에 합당치 않는 것이 되는 것과 흡사하다. 즉 과녁이 벗어나 있는 것이다.

그러므로 우리들 스스로는 꽤 상냥하다고 생각하고 있어도, 친절하다고 생각하고 있어도 의외로 남의 마음을 상처 입히며 살아가고 있는 것이다.

"혀끝 세 치로 사람을 죽인다."

고 하는 말도,

"찔러 죽일 듯한 눈."

이라고 하는 말도, 이것은 우리들 인간의 실태를 정확히 맞춘 말이다. 우리들은 종종 부주의로 곁눈질로 남을 쳐다보거나, 말해서는 안될 것을 말해 버리는 수가 있다.

이 '부주의'로 본 눈, 뱉어진 말이야말로 우리들의 마음 밑바닥으로부터 나온 우리들의 참모습인 것이다. 그리고 그것이 얼마만큼 괴롭히고 절망시키고 있는가는, 의외로 주의를 기울이지 않고 있는 것이다. 나 자신, 자신의 어조가 강하기 때문에, 가령 바른 것을 말하더라도 남을 상처 입힌 일이 몇 차례나 있어서 몹시 자신에게 정나미 떨어지고 있다. 이와 같은 실패를 한 번도 한 적이 없는 사람이 있을 것인가?

그런데, 죄라고 하는 것은 무언가를 하는 것이라고 생각하는 사람이 있을는지도 모른다. 그런데,

"하지 않는 죄."

라는 것이 있어서, 하지 않는 것도 또한 죄인 것 같다.

철부지 어린 아이가 차의 왕래가 아주 심한 대로 위에서 공놀이를 하고 있는 것에 누구 한 사람 주의를 기울이지 않고 있는 광

경을 때때로 목격하게 되는 수가 있다. 차 속에서 야단을 쳐 준다든가, 보행자가 주의를 시켜 줘도 될 터인데 모두가 무관심한 것이다. 그것이 만약 친자식이었다면 사람들은 도대체 어떻게 했겠는가? 모른체했을 것인가? 뛰어가서 끌어안고서라도 자기 집으로 데리고 갔을 것이다. 이런 것을 생각하면, 주의를 주지 않고 충고를 하지 않는 행위가 얼마나 냉정한 행위이며, 죄가 깊은 행위인가를 잘 알게 된다.

이것과 비슷한 '하지 않은 죄'를 사람들은 제나름대로의 생활 속에서 용이하게 생각해 낼 수가 있을 것임에 틀림없다.

차 속에서 폭력단에 매를 맞거나 채이거나 하고 있는 사람을 누구한 사람 도와주지 않은 채, 드디어는 죽어 버렸다고 하는 사건 등도 그 하지 않은 죄의 종류일 것이다.

또 이성을 잃고 발끈 화를 내는 것도 죄일 것이다. 너무 심한 말을 하거나 듣거나 하게 되면 우리들은 발끈 성을 내게 되는데, 그 발끈하는 성질도 죄인 것 같다. 상대는 약간 꾸짖었는데도 꾸지람을 듣는 쪽은, 마치 면도칼로 가슴을 도려내는 것 같은 느낌이 들기도 할 것이다. 오늘 아침도 부랑생활을 힐책당하고서 잔뜩 화가 나 어머니를 때려 죽였다는 뉴스가 조간 신문에 나왔다.

그러나 발끈발끈 성질을 내지 않는 인간은 그러한 일은 없을 것이다. 발끈 하는 것이 왜 죄일 것인가? 그것은 겸손이나 관용이 부족하여, 바꾸어 말하면, 남의 충고를 받아들이지 않은 오만(傲慢)이 발하기 때문이다. 오만이 얼마나 큰 죄인가는 말할 필요도 없다. 또한 사람을 용서하지 않는다는 것도 죄일 것이다. 몇

년이나 몇 십년 전의 용서하기 어려운 일을 기억하고 있다는 것
도 죄일 것이다. 나의 소설 「빙점」은 남편이 아내를 용서하지 않
는다는 데에 근거한 비극이었다.

그러나 우리들은 때때로 지껄인다.

"이 일만은 절대로 용서할 수 없다."고.

그러면 왜, 용서하지 않는 것이 죄가 되는가? 인간은 아무리
위대하더라도 그 상대의 전부의 모습을 안다는 것은 불가능하
다. 좋다든가 나쁘다든가를 진정으로 단정할 수 있는 것은 오로
지 하나님뿐인 것이다.

인간은 심판한다는 것이 불가능하다. 인간이 인간을 심판한다
는 것이 얼마나 곤란한 것인가는 이 세상의 재판을 관찰하는 것
만으로도 알 수가 있다.

재판을 하기 위해 대학에 들어가서 공부를 하고, 어려운 관문
이라고 불리우는 사법 시험(司法試驗)에 패스해 재판관이 된다.
그와 같이 공부한 사람들마저 웬만큼 많은 자료를 수집해 가지고
도 죄 없는 인간을 유죄로 단정해 버리는 일이 끊이지 않는 것이
다. 지금 이 동안에도 몇 십 년을 억울하게 죄의 누명을 쓰고 복
역중이던 가또우(加驟老)의 이야기가 신문에 보도되고 있는데,
이것은 억울한 죄를 입은 사람들 가운데서도 운 좋은 사람이라
하겠다. 이 세상에는 억울한 죄의 누명을 쓴 채로 인생을 마쳐 버
리는 사람들이 얼마나 많은가?

무죄한 자가 유죄로 되는 일이 있다고 한다면 죄 있는 자가 무
죄로 되는 일 또한 많이 있을 것이다. 특히 증수회(贈收賄)가 흐

지부지한 가운데서 끝나 버리는 일을 우리는 몇 번이라 할 것 없이 보아오고 있다.

　법률을 배우고, 심판하는 것을 배운 직업인조차 이와 같이 오심(誤審)이 있다고 한다면 일상생활 중에서 오해나 자기 중심적인 판단이 많은 우리들이, 올바르게 사람을 심판한다는 것은 도저히 있을 수가 없다. 참으로 정당하게 심판할 수 있는 분은 전능자(全能者) 한 사람뿐이다.

　첫째, 우리들 인간의 오류(誤謬)는 하나님 이외에는 그 누구도 심판하는 일이 불가능한 심판을, 인간인 자신이 하려고 덤비는 데에 있다. 심판하는 일은 하나님의 자리를 침범하는 것이 된다.

　이렇게 생각해 보면,

　"우리가 우리에게 죄 지은 자를 사하여 준 것같이 우리 죄를 사하여 주옵시고."

하는 기도가 불필요한 자는 이 세상에 한 사람도 없다는 결론이 된다.

　그런데 이 기도는 먼저 자신들이, 자신들에게 죄를 범한 사람을 용서하는 것이 선결 조건으로 되어 있는 기도인 것이다. 우리들이 기도를 하려고 할 때에 만약 불화한 사이가 되어 있는 사람이 있다면, 그 사람과 먼저 화해를 하지 않으면 안된다고 성경에는 쓰여 있다. 이 기도도 마찬가지다. 우리들 마음속에,

　'저 녀석은 절대 용서할 수 없어.'

라는 생각을 갖고 있어서는 하나님도 또 우리들을 용서해 주지 않으신다는 것이다.

슬퍼해야 할 일은, 우리들의 생활에는 '눈에 거슬리는' 인간들이 더러는 있다는 사실이다. 바람을 피우는 남편이나 아내, 사이가 좋지 않은 시어머니와 머느리, 혹은 친척 또는 이웃 등, 그 가운데는 도저히 용서할 수 없는 상대도 있다. 그 사람들을 용서함으로써 비로소 우리들은 자신의 죄를 용서해 주십시오, 라고 기도할 자격이 주어지는 것이다.

앞에서도 말했듯이, 용서할 수 없는 일은 심판을 하고 있다는 사실이다. 심판을 하고 있다는 사실은 심판하시는 하나님을 이제 밀쳐내고 자신이 그 자리에 서 있다는 것이다. 심판을 하고 있다는 것은 결국은,

"하나님께 맡겨 둘 수는 없다."

고 하는 하나님께 대한 불신을 드러내는 것이기도 하다.

사람을 용서하지 않는 자는 하나님을 믿고 있다고는 결코 말할 수 없는 것이다.

자신의 죄를 용서받기를 기도하기에 앞서 "남을 용서합니다"고 기도하지 않으면 안된다고 하는 것은 의미심장한 일이다. 물론 남을 용서하고자 할 때에, 그것이 얼마나 곤란한가는 나 자신도 잘 알고도 남음이 있는 사실이다. 나를 배신한 사람을 용서한다, 불공대천의 원수를 용서한다, 자기를 중상 모략한 사람을 용서한다, 자신의 재산을 뺏은 사람을 용서한다. 자신의 지위를 위태롭게 만든 자를 용서한다, 그것은 얼마나 어려운 일이겠는가?

그 곤란한 용서를 하고자 할 때 비로소 자기 자신의 죄의 깊음, 그것이 얼마만큼 용서받기 어려운 일인가를 잘 알게 된다. 그리하여 용서하기 어려운 죄를 용서해 주시는 하나님의 사랑을 알 수가 있게 된다. 그러한 일이 이 기도에 의해서 새삼스럽게 깨닫게 되는 것이다.

나도 여기서 예수의 기도를 연상한다. 예수는 이와 같이 우리들에게 남을 용서할 수 있도록, 가령 아무리 큰 죄일지라도 용서하라고 가르쳐 주셨다. 그 예수 자신은 어떠했던가? 누가 복음 제23장 32절을 다음에 인용해 본다.

'다른 죄수 두 사람도 사형장으로 예수와 함께 끌려가고 있었습니다. 그들이 해골이라는 곳에 이르러, 예수를 십자가에 달고 함께 끌려간 죄수도 하나는 그의 오른편에 하나는 그의 왼편에 매달았습니다. 그때 예수께서 말씀하셨습니다. "아버지시여, 저 사람들을 용서하여 주옵소서. 그들은 자기들이 무슨 일을 하는지 알지 못하옵나이다."

나는 몇 번을 읽어 보아도 이 말에 감동을 느낀다. 이 세상에 뭐니뭐니 해도 죄 없는 자신을 죽이려고 하는 사람만큼 용서하기 어려운 사람은 없을 것이다. 예수께서는 전연 죄가 없었다. 아니, 죄가 없었을 뿐만 아니라 예수는 많은 소경이나 절름발이나, 나병 환자나 그 밖에도 많은 병자들을 고쳐 주었으며, 그리고 많은 하나님의 가르침을 사람들에게 들려주었던 것이다. 그 예수를 부당한 재판에 의해서 십자가에 매달았던 것이다.

만약 우리들이 그와 같은 입장에 처해졌다고 하면, 도대체 어떻게 할 것인가? 자기를 십자가에 매단 사람들을 위해, 우리들은 이와 같은 자비심이 깊은 기도를 드릴 수가 있을 것인가? 예수께서는 두 손에는 못이 박히고 무서운 고통 속에서 이렇게 훌륭한 용서의 기도를 드렸던 것이다. 이것은 또 "온 인류의 죄를 용서해 주십시오"라고 비는 기도이기도 했다고 나는 생각한다. 예수는,

"그들은 죄가 많은 자들입니다. 용서해 주십시오."
라고 말하지 않고,

"그들은 자기들이 무슨 일을 하고 있는지 알지 못하옵니다."
라고 말함으로써, 최상의 훌륭한 말로서 기도해 주셨다.

실로, 우리들 인간은 어느 누가 되었든간에 하나님께서 보신다면 '무슨 일을 하는지 모르고' 살아가고 있는 존재들이다. 그러므로 어떻게 살아야 할 것인가를 참으로 잘 아시는 예수께 배우며 살아가는 길 밖에는 없다. 우리들은 서로가 서로의 죄를 용서받아야만 할 존재들이기 때문이다.

제 10 장
사탄

이에 예수께서 말씀하시되 "사탄아,
물러가라!" 기록되었으되 주 너의 하
나님께 경배하고 다만 그를 섬기라, 하
였느니라.

「마태복음」 제4장 10절

흔히들 이제 50이 되고 60이 되었어도 학생시절의 시험 치르던 꿈을 꾼다는 사람이 있다. 시험이라고 하는 것은 그만큼 커다란 중압을 주는 것임에 틀림없다.

　주기도에 다음과 같은 기도가 있다.

　'우리를 시험에 들지 말게 하옵시고 다만 악에서 구하옵소서.'

　이 가운데 '시험' 이라고 하는 말은 학생시절의 시험과 같은 것을 말하는 것이기도 할 것이다. 얼마 만큼의 실력이 있는가, 혹은 재능이 있는가, 또는 인격이 있는가? 우리들은 좋아하든 싫어하든지간에 날마다 시험을 치르고 있는 것과도 같은 것이다. 시험을 치를 때마다 우리들은 자기 나름대로의 해답을 낸다. 해답을 내지 않는 것도 하나의 대답이며, 엉뚱한 대답을 내는 것도 하나의 해답이다.

만약 우리들 주부가 남편이 출타중일 때 마음에 드는 남성과 알게 되었다고 하자. 그 남성이 몇 차례인가 찾아와 자기에게 호의 이상의 것을 이따금 보여 준다고 하자. 이것도 하나의 시험이다. 시험은 우리들을 타락으로 유도하는 유혹의 경향을 때로 수반한다.

이 남성에게 어떤 태도를 취하는가, 하는 그것이 시험에 대한 우리들의 대답일 것이다. 어떤 사람은 그의 방문을 단연코 거절할 것이며, 어떤 사람은 재빠르게 자신의 남편에게 그 남성의 존재를 알릴는지도 모른다.

그런데 어떤 사람은 대화를 나누는 것뿐이라면 별 문제 있겠는가, 하고 자신을 용서하고, 어떤 사람은 찻집에서 만나는 것쯤은 용서받을 수 있지 않겠는가, 하고 생각한다. 어떤 사람은 키스 정도까지는 아무한테도 용서를 받을 것이라고 하고, 더러는 남편에게만 모르고 어르게 한다면, 하고서 몸을 허락하는 사람마저 있는지도 모른다.

예를 들어, 몸을 허락하더라도 가정만 파탄에 이르게 하지 않으면 된다고 생각하는 사람도 있을 것이며, 남편도 아이도 버리고 그 남성한테로 가버려도 상관없다고 생각하는 사람도 있을지도 모른다. 같은 시험이라도 사람에 따라 대답은 각양각색으로 나온다.

나는 남편으로부터,

"너는 사탄의 깊음을 모른다."

고 성경의 말을 인용하여 주의받는 일이 있다. 그것은,

"어떤 남성과 단둘이서 밤을 보내더라도 나는 결코 좋지 못한 행동을 하지는 않아."

라고 말하는 수가 있기 때문이다.

나는 소설을 쓰고 있으면서도 인간이라는 것에 대해 아직도 얕은 견해 밖에 갖고 있지 않다. 자신이라고 하는 자가 잘 알 수 없었다. 그러므로 진심으로 그렇게 생각하고 있었다. 그리고 지금도 이 점만은 괜찮다고 생각하고 있는 수가 있다.

그러나 최근 나는 바클레이의 책을 읽다가 다음과 같은 흥미 있는 말을 알았다.

'이상스러운 것은, 유혹은 종종 우리들의 단점이 아니라 장점에 작용을 걸어 온다. 만약에 "자신은 이 일만은 절대로 하지 않는다"고 하는 것 같은 점이 있으면 그것이야말로 경계하지 않으면 안된다.'

나는 과연 그렇구나, 하고 생각했다. 사람은 자신이 빠져들기 쉬운 일에는 무척이나 경계를 하는 것이다. 예를 들면, 신체가 건강하지 못한 나 따위는 병균에 대해 꽤 경계를 하여 식사중 식기 이외의 물건들에 손이 닿게 되는 경우에는 곧바로 손을 씻게 된다. 야채나 과일도 아주 잘 씻는다. 식기나 행주를 끓는 물에 소독하는 경우도 종종 있다.

그렇지만 신체가 건강한 사람들 가운데는 변소에 다녀 나오면

서도 손을 씻지 않는 사람도 있으며, 식사 전에 손을 씻지 않는 사람도 있다. 또 상 위에 떨어진 음식물을 태연스럽게 주워서 먹는 사람도 있다. 그것은 평생 건강했기 때문에,

"자신은 절대로 병에 걸리지 않는다"고 생각하고 있기 때문일 것이다.

그와 마찬가지로 나는 남편 이외의 남성과 단 두 사람만이 있더라도 참으로 악의가 없다. 아무런 경계심도 일으키지 않는다. 다행히도 지금까지는 문제가 야기되지 않았지만 만약 상대가 적극적으로 수작을 걸고 든다면 과연 어떻게 됐을지는 역시 보증할 수 없는 일이다.

자기에게는 자신이 있다고 하더라도 상대방은 어쩌면 실패할는지도 모른다. 돈에는 자신이 있다고 생각하고 있는 인간이 의외의 수회(收賄) 사건에 말려들기도 하며, 자기의 운전 솜씨는 보통이 아니라고 생각하고 있는 인간이 커다란 교통사고를 일으키기도 하는 것이다.

교통사고를 일으키는 인간의 대부분은 보험에 가입하고 있는 경우가 적다고 한다. 이것도 역시,

"뭐, 내가 교통사고를 일으킬 리가 있나."

하고, 자신만만한 생각을 갖고 있었기 때문일 것이다. 그렇게 생각해 보면,

"시험에 들지 말게 하옵시고 다만 악에서 구하옵소서."

라는 기도는 실로 겸손하게 되지 않으면 안된다는 기도라고 생각한다. 이 기도를 진심으로 드릴 수 있는 인간은 사람이란 언제 어

떠한 유혹에 빠져들게 될지 모른다는 확실한 인간관(人間觀)을 가지고 살아가고 있는 것이기도 하다.

자신의 약함을 알고 있다고 하는 것은, 즉 상대의 약함을 알고 있다고 하는 것이다. 우리들이 유혹에 빠져드는 것은 자신도 상대도 알지 못하는 데서 오는 것은 아닐는지?

예를 들면, 지방에 살고 있을 때는 순진한 소년 소녀였던 인간이 도시에 나와서 몇 년인가 지내는 동안에 어느 사이엔가 더러워진 인간으로 되어 버린다고 하는 사실을 종종 보거나 듣기도 한다. 처음 도시로 나왔을 때는 타락이라는 것 따위는 본인도 알리가 없었을 것이다. 자신만은 결코 그러한 부류가 되지 않는다, 이렇게 생각하고 가슴에 꿈을 가득히 안고 도시로 나왔을 것임에 틀림이 없다. 그러나 그것이 어째서 몇 년만 지나면 완전히 자신으로서도 알아보지 못할 정도의 인간으로 변해 버리는 일이 생겨나는 것일까? 사람은 더러는 자신의 가장 친근한 자들에 의해서 변하게 된다고들 말한다. 집을 떠나온 경우, 가장 가까운 자는 친구들이다. 그 친구들이 악으로 유혹하는 앞잡이가 되는 것이다. 도박을 좋아하는 친구들과 가까이 지내노라면 어느 사이엔가 자신도 도박을 배워 버리고 만다. 험담을 잘하는 친구들과 사귀다가 보면 어느 사이엔가 자신도 남의 험담을 하는 것을 좋아하게 된다. 술 마시기를 즐겨하는 친구들과 친하게 지내다 보면 저도 모르는 사이에 술맛을 들이게 되어 버린다.

친구라고 하는 것은 확실히 유쾌한 존재이지만, 그러나 자신이 살아가는 방향을 그릇되게 하는 것도 그러한 유쾌한 존재인 것이다.

나의 남편은 가끔 나에게,

"사탄은 사탄의 얼굴을 하고 찾아오진 않아요."

라고 말한다. 나는 사탄이다, 하고 명찰이라도 가슴에 붙이고 다가오는 자는 없다. 어떤 사람은 선량한 웃는 얼굴을 가지고, 어떤 사람은 품위를 갖춘 언동으로, 어떤 사람은 철학자와도 같은 깊은 사상의 말로서 우리들을 유쾌한 상태로 만들어 놓고 접근을 해 온다. 마치 이 세상에서 가장 구하기 어려운 존재라도 되는 것처럼 우리들의 눈을 어둡게 만드는 수가 있다. 그리고 어느 사이엔가 우리들의 삶의 방향을 하나님께 등을 돌리는 것으로 바꾸어 버린다. 더욱이 두려운 것은 우리들 자신이 사탄의 역할을 하고 있는 수가 이따금 있다는 것이다.

사탄이란, 히브리어로 '적' 이라는 의미라고 한다. 확실히 자기를 박멸해 버리는 존재이기 때문에 그것은 적이라고 하겠다. 그러나 그것이 사탄인가 아닌가를 간파하는 눈을 갖고 있지 않으면 안되는 것은 어느 누구도 아닌 자기 자신인 것이다.

사탄은 또한 사람을 통해서만이 아니라 물건을 통해서도 우리들을 유혹해 온다.

만약에 생각지 않았던 큰 돈이 들어왔을 때, 우리들은 그 돈을 어떻게 바르게 사용할 수가 있을 것인가? 사지 않아도 될 물건을 산다든가, 사용하지 않아도 좋은 곳에 지출한다거나, 사용하지 않으면 안될 곳인데 아낀다거나, 낭비가 된다거나 인색하게 되거

140

나 하는 것은 아닌지? 누가 듣거나 누가 보더라도 부끄럽지 않은 사용법이 과연 우리들로서는 불가능할 것인가? 아니, 일시에 큰 돈을 손에 쥐지 않았더라도 매일매일의 금전에 관련되는 생활 속에서 우리들은 정말로 꼭 써야 할 곳에 사용하고, 써서는 안될 곳에는 사용하지 않는다고 하는 생활 자세가 갖추어질 수 있을 것인가? 재해를 만난 사람들에게, 자신의 양친에게, 병들어 있는 친지들에게 우리들의 돈주머니는 아낌없이 열려질 것인가?

"돈을 사랑하는 것이 모든 악의 근원이다."
라는 말이 성서에 있는데, 금전욕 때문에 신세를 그르치는 사람이 얼마나 많은가? 우리들은 수없이 많은 경우를 보아 오고 있는 것이다.

사립 의과대학교의 치과대학에 뒷문 입학, 로키드 문제의 중수회 사건, 현금이라고 불리우는 명목으로 정치가에 주는 뇌물 등으로부터 선거 때마다 뿌려지는 금권 정치의 돈, 그리고 가장 두려운 것은 물욕 때문에 일어나는 전쟁이다.

아무튼 우리들의 조촐한 가정에 있어서도 돈의 사용 방법 하나로서 그 집이 견실하게도 되는가 하면, 부실하게도 된다. 그러므로 금전을 올바르게 사용하기 위해서라도 우리들은,

"시험에 들지 말게 하옵시고 다만 악에서 구하옵소서."
라고 날마다 기도하지 않으면 안될 것이 아닌가.

조금 이야기가 다르지만, 나는 요즘 텔레비전이나 영화를 보고 있을 때면 잔혹스런 장면에서는 눈을 감기로 하고 있다. 레슬링 따위는 물론 보지도 않으며, 기괴한, 예를 들면 얼굴로부터 갑

자기 손이 튀어나온다거나 하는 그러한 장면도 보지 않기로 하고 있다.

이렇게 하는 것은 우리들 인간이 숱하게 듣거나 보거나 하고 있는 것을 뇌의 세포가 기억하고 있다고 들었기 때문이다. 그것은 카메라를 가지고 촬영을 한 것처럼, 혹은 녹음을 한 것처럼 뇌에 확실하게 인화가 되어 있고 녹음이 되어 있다고 한다.

나는 나의 머리 속에 더 이상 보기 어려운 장면이나 두려운 말이 기록되는 것을 두려워하고 있는 것이다. 왜냐 하면 언제, 어느 때 그렇게 축적된 것이 갑자기 마음에 떠올라서 언제 나 자신을 악으로 유혹하는지 알 수 없기 때문이다.

선뜻 떠오른 생각을 우리들은 결코 좋게만 보아서는 안된다고 생각한다. 지난봄에 어떤 사람이 나한테 편지를 보내 왔다. 그녀는 평범한 결혼을 했다. 별다른 문제가 야기되지 않는 평화로운 가정을 꾸리고 있었다. 벌써 8년이나 계속된 그 평화스런 가정을 그녀는 그녀 나름대로 만족하고 있는 상태였다. 그런데 그 어느 날 별안간에 첫사랑의 연인 생각이 났다. 처음엔 선뜻 떠오른 것뿐이었지만, 점차로 그를 만나고 싶은 생각이 들었다. 단순히 만나고 싶다는 생각은 날마다 더해 갔으며, 드디어 그녀는 그 첫사랑의 사람에게 전화를 걸었다.

이로부터 그녀의 생활은 붕괴되어가기 시작했다. 가정은 다시 돌이켜 수습하기 어려우리 만큼 깊은 파탄을 가져 왔던 것이다.

이것은 어느 날 별안간에 떠오른 생각이 이렇게까지 발전된

142

것이다. 도둑질을 하는 사람, 살인을 하는 사람, 방화를 하는 사람, 그러한 사람들도 어느 날 선뜻 떠오른 생각이 그 죄의 시초가 된 것이 아니겠는가?

"녀석이 죽어 주었으면."

이라고, 선뜻 떠오른 생각이 살인으로 발전했고,

"나도 은행 강도질이라도 해볼까?"

하고 농담 반 진담 반으로 생각한 일이 씨가 되어 현실로 되었고,

"저 집을 불질러 버렸으면……."

하고 생각한 것이 생각지도 않은 방화범으로 되어 버린 결과가 되지 않았는가.

우리의 마음속에 그러한 악으로 기울어질 듯한 기미가 있다고 느껴지면, 우리들은 역시 끊임없이 기도하는 것을 진지하게 배우지 않으면 안될 것이다.

악이란 즐거운 것이다. '미성년자 관람 불가'라고 딱지가 붙어 있는 영화일수록 미성년이 더 보고 싶어한다.

'주차 절대 금지'라고 써 있는 곳에는 반드시 많은 차량이 무단주차를 하고 있는 법이다. 사랑해서는 안된다고 금지가 되어 있으면, 남의 남편이나 아내를 훔쳐 보고 싶어진다. 그것은 금단(禁斷)의 열매를 따먹은 아담과 이브 시대로부터 인간 속에 지녀 내려온 속성이다. 그러므로 오직 "시험에 들지 말게 하옵시고 다만 악에서 구하옵소서"하고 기도하지 않으면 안된다. 이상으로서 주기도를 끝내고자 한다.

기도에 관해 여러 가지 의견을 써 왔지만, 최초에 의도했던 대

로 반드시 붓이 움직여지지 않았다. 이제 결어(結語)로서 나는 기도에 연관되는 에피소드를 약간 소개해 보고자 생각한다.

수년 전 우리들 부부는 미나미슈주(南紀州)에 있는 이와사끼 목사를 방문한 일이 있었다. 이제는 이미 돌아가신 분이지만 이 선생에게는 여러 가지로 우리의 마음을 감동케 하는 에피소드가 많으며, 「황야(荒野)에서 물은 솟아 오른다」라는 감동적인 전기도 나와 있다. 그런데 그 가운데 나와 있지 않은 이야기로 우리들이 직접 겪었던 좀 재미있는 이야기를 전하려고 한다.

어느 날 밤 목사님은 어떤 어려운 문제에 부딪쳐 뒤쪽의 바닷가로 나가 모래밭에 엎드려 기도를 하고 있었다. 기도를 방안에서만 하는 사람도 있지만 산에 올라가서, 혹은 강가에 서서 대자연 속에서 기도하는 사람도 적지가 않은 것이다.

이 목사님은 어떤 중요한 문제가 생길 때면 모래밭에 엎드려 뒹굴 듯이 하면 기도했던 모양이다.

그날 밤에도 정말로 몸을 뒹굴리면서 새벽 무렵이 될 때까지 밤을 새워 어떤 문제를 놓고 기도를 했다. 야곱이 환도뼈가 부러지기까지 천사를 붙들고 씨름했듯이 하나님께 부르짖으며 기도를 계속했다고 한다.

먼동이 틀 무렵이 돼서야 그 문제에 어떻게 대처해야 할 것인가, 하는 대답을 얻어내고서, 피로하기는 했으나 싱그러운 마음으로 목사님은 집으로 돌아왔다. 그리고 수돗가에서 세면을 하려고 한 때였다. 오른손에 무언가가 쥐어져 있는 것을 깨닫고 들여다보자 그것은 그 근방에서는 아직껏 보지를 못했던 조개껍질이었다.

목사님은 자기 집에 박물실(博物室)을 가지고 있을 정도로 생물, 박물에 깊은 관심을 가지고 있는 분이었다. 만약에 거기에 관심을 가지고 있지 않았더라면 그 조개껍질은 보고도 무심코 버렸을는지도 모를 일이다. 바닷가에 살고 있는 사람들에게 조개껍질 따위는 진귀한 물건이 아니기 때문이다.

'이상하다. 무엇일까?'

목사님은 눈에 익지 않은 조개껍질에 마음이 움직여 바로 그 분야의 다른 사람들에게 보였다. 그런데 그 사람들로서도 처음 보는 조개껍질이었다. 그리고 그 조개껍질은 국내에서도 그 분야에 가장 권위가 있다는 전문가에게 보여졌다. 그러자 놀라웁게도 그 조개는 아직껏 발견된 일이 없는 조개라는 사실이 밝혀졌다.

이리하여 이 조개는 이와사끼 선생이 발견한 것이라 하여 세계의 학자들에게 소개되기에 이르렀다. 이 조개껍질 하나를 보기 위해 세계 도처에서 일부러 선생의 집을 찾아오는 학자들도 있었다. 그리하여 마침내는 그 조개에 높은 값이 붙게 되었다. 돈은 얼마든지 낼 터이니 팔라고 하는 학자마저 있었다.

목사인 선생에게는 그것은 굉장한 값이었다. 그러나 선생은 그것을 어느 누구에게도 양보하지를 않았다.

그것은 선생에게 있어서는 세상의 보물이기 이전에 하나님의 사랑을 기억하게 해주는 귀중한 보물이었기 때문이었다. 선생은 조개껍질을 주우려고 바닷가로 나간 적은 한 번도 없었던 것이다. 오직 기도하기 위해서 모래사장에 몸을 내던지고 대지를 주먹으로 치면서 기도하고 있었던 것이다. 그리하여 자기도 모르는 사이에 붙잡은 그 조개껍질이 도중에서 버려지지도 않고 자기의 손아귀에 꼭 쥐어져 있었던 것이다.

　이것을 단순한 우연의 일이라고만 돌려 버릴 수가 있을 것인가? 선생은 하나님의 깊으신 섭리를 깨달았던 것이다. 그것이 세계적인 발견으로 연관되어지리라고는 꿈에도 생각지 못했던 것이다. 더욱이 이와 똑같은 조개는 그 바닷가를 아무리 찾아 헤매도 발견되지 않았던 것이다.

제 11 장

하나님은 살아계시다

나의 반석이시오 나의 구속자이신 여
호와여 내 입의 말과 마음의 묵상이 주
의 앞에 열납(悅納)되기를 원하나이다.

「시편」제19편 14절

기도라고 하는 것은 이상한 것이라고 깊이 느껴진다. 아침 일찍 일어나 1분간 기도하는 사람, 5분간 기도하는 사람, 1시간 기도하는 사람…… 등 시간은 제각기 다르지만, 기도하는 시간이 많은 사람일수록 더욱더 그 시간을 증가시켜 나간다. 하루도 빼놓는 날이 없다.

반대로 기도하는 시간이 적은 사람은 매일 기도하는 것을 점차로 그만두고 사흘에 한 번, 1주일에 한 번, 열흘에 한 번, 이러한 식으로 사이를 점점 띄어 가다가 이윽고는 기도하는 일을 그만두어 버린다.

역사상 이름난 신앙자들의 생활을 보아도 큰일을 한 사람일수록 매일 긴 시간 동안 기도하고 있다. 이와 같은 사람들은 예외 없이 모두가 바쁜 사람들이다. 그런데 기도가 적은 사람일수록 이상하게 짬이 있는 것이다.

"바빠서 기도하지 못한다."

고 하는 변명은 도저히 성립될 수가 없는 것이다.

이 무렵에 나는 어떤 하나의 목적을 위해 매일 아침 기도를 계속 해 왔는데, 와다나베 씨가 쓴 「기도는 들어주신다」는 책을 읽었다. 그것은 삿뽀로의 어떤 교회에서 있었던 사건이었다. 어떤 신자 한 사람과 목사가 합심해서 시내의 북쪽에 기도소가 생기게 해 달라고 한결같이 기도를 계속했다. 매일 아침 기도를 한다는 것은 보통 일이 아니다. 더욱이 혹까이도(北海道)에서의 일이라면 말이다. 여름이라면 또 몰라도 추운 겨울 아침에 난로도 피우지 않은 채로 추위에 벌벌 떨면서, 이 두 사람은 아침 6시면 꼭 기도를 했다고 한다. 찬송가를 부르고, 성경을 읽고, 그리고 기도한다. 이러면 1시간 정도가 걸린다. 마침내 신자는 신경통에 걸리고 말았다. 기도가 시작되고 345일째의 일이었다. 신경통이라는 선물을 받은 이 신자는 두 팔과 두 다리에 통증이 심해 이제 더 이상 기도할 수가 없을 정도로까지 빠져들어 갔다. 그날은 밤 기도회가 있는 날로서 예외 없이 밤이 되자 기도회를 가졌다. 성경을 읽은 뒤 목사가 말했다.

"인간의 힘이 다하고 이제 더 이상 어찌할 수 없게 되어 버린 때에 비로소 하나님의 힘이 움직여 주신다"고.

그 이야기를 들은 뒤 회원들은 기도하기 시작했다. 교회의 기도회라고 하는 것은 대개 한 사람도 남김 없이 기도를 한다. 이리하여 기도가 끝난 때였다. 한 사람의 신자가 교회로 찾아 들어왔다. 목사를 면회하고 싶다고 하는 것이다. 목사가 무슨 얘기인가, 하고 묻자 그 신자는 이렇게 말을 했다.

"실은 나는 어떤 교회의 신자입니다. 나는 삿뽀로의 북부에 35평의 토지를 가지고 있습니다. 거기에 15평의 집을 새로 지을 생각으로 있는데, 그 집을 전도를 위해 사용해 주시지 않으시렵니까?"

목사도 교회 신자들도 꿈이 아닌가, 하고 놀랐다. 이 교회는 돈도 없었다. 가난한 교회였다. 그런데 어떻게든 그리스도의 말씀을 전하기 위해 전도소가 있어야겠다고 바라고 있었던 것이다. 그것이 갑자기 알지도 보지도 못한 신자에 의해 전도소가 제공되어지게 된 것이다. 신자들은 감격에 겨워 큰 소리를 내어 울면서 하나님께 감사를 드렸다고 한다.

이 일이 성취된 배경에는 실로 345일 동안을 하루도 쉬지 않고 행해진 기도가 있었던 것이다. 만약 열흘이나 스무날에 기도를 그만두어 버렸더라면…… 만약에 한 달이나 두 달로 기도하는 일에 지쳐서 그만두어 버렸더라면…… 아마 이러한 즐거움은 주어지지 않았을 것이 분명하다.

이와 비슷한 사건은 기도가 깊은 목사나 신자들에게는 가끔 일어나는 일이다. 이러한 기적에 가까운 일을 기도가 깊은 사람들은 적지않이 경험한다고 한다. 그러므로 더욱더 기도가 깊어질 것임은 분명한 사실이다.

금년에 돌아가신 에노기모도 목사는,

"한번 기도의 맛을 들이면 그만두려 해도 그만둘 수가 없다."

고 말하고 있다. 맛을 들인다고 하는 말은 기이하게 들릴는지도 모르지만, 그러나 체험자로서는 정확한 표현인 것이다. 물론 그것은 단순히 물질을 갖추게 되는 것을 기뻐하는 것은 아니다. 하나님의 확실한 응답을 기뻐하는 것을 말한다. 이것이 기도의 맛이라고 할수 있겠다.

오까야마(岡山)에 고아원을 개설한 이시이(石井十次)라는 사람도 정말로 기도가 깊은 사람이었다고 한다. 그는 많은 고아들을 기르고 있었지만, 언제나 돈이 없었다. 있는 것이라고는 고아에 대한 사랑과 하나님에 대한 믿음뿐이었다. 기도할 때는 언제나 똑같은 장소에서 기도했던 것이다. 그의 다다미 방에는 그의 무릎 자국이 폭 패여있었다고 전해지고 있다. 무릎 자리가 패여 드러날 만큼 상체를 구부리고 필사적으로 기도했으리라는 생각이 들어 내 가슴을 뭉클하게 했다. 이러한 기도에 의해 이 고아원의 아이들은 굶주리는 일 없이 양육받아 왔던 것이다.

다음으로 우리들이 친절한 지도를 받고 있는 시고꾸(四國) 가모지마(鴨島)의 이또오(伊藤榮一) 목사의 체험을 소개하고자 한다.

당시 이또오 선생은 야마구찌(山口)현의 어느 교회의 목사였었다. 그런데 중국 대륙 전도의 뜻을 억누를 길이 없어 자비로 중국에 건너갈 결의를 굳혔다. 그 소식을 들은 어느 신자가 중국까지의 표를 사 드렸다. 또 다른 신자들이 2엥, 3엥…… 송별금을 냈기에 여러 가지 준비를 하고도 오히려 50엥의 돈이 남았다.

1938년의 그 무렵 선생의 보수가 월 30엥이었으므로, 50엥이라면 당분간은 걱정 없다고 선생은 안심하고 출발하기로 했다.

그런데 출발 전날에, 선생은 교회 회계에게서 49엥의 가불을 해 쓴 일이 생각났다. 이 빚은 선생 자신을 위해 빚진 돈은 아니었다. 교회 안에 아주 가난한 신자가 있어서, 차마 볼 수가 없어 선생의 이름으로 회계한테서 빌려 쓴 돈이었다. 그런데 깜박 잊고 있다가 출국을 바로 앞둔 날에야 기억이 났던 것이다. 그리하여 선생은 이 돈을 갚았다. 50엥 가운데 49엥을 갚아 버렸으므로 수중에 남은 돈은 1엥이다. 선생은 매우 곤란했다. 표는 사 놓았다 하더라도 겨우 1엥으로서는 도중의 점심값도 안된다.

그렇다고 하여 송별금까지 다 받은 지금에 와서 중국행을 포기할 수도 없는 노릇이었다. 일단 회계한테 돈을 반환했지만 그간의 사정을 털어놓아 다시금 회계한테서 돈을 빌려 가지고 갈까도 생각했다.

그래야겠다고 결심하고, 회계의 집으로 가려고 하다가,

'아니야.'

하고 선생은 생각했다. 언제나 자신은 신자들에게 뭐라고 설교해 왔던가.

"무엇을 먹을까, 무엇을 마실까, 혹은 무엇을 입을까, 하고 염려하지 말라. 이런 것들은 이방인이나 절실하게 구하고 있는 것이다. 하늘에 계신 아버지는 이러한 것들이 모두 너희에게 필요하다는 사실을 다 아시느니라. 먼저 하나님의 나라와 하나님의 의를 구하라. 그리하면 이러한 것을 다 주실 것이다."

고 하는 그리스도의 말로서 항상 하나님에 대한 신뢰를 역설해

왔지 않은가. 그러한 자신이 이제 와서 뻔뻔스럽게도 회계한테 돈을 빌려 달라고 한다는 것은 결코 안될 일이다. 회계한테 돈을 빌려달라고 한다는 것은 결코 안될 일이다. 회계한테 돈을 빌리려고 생각한다면 확실히 돈을 갚아 준 만큼은 빌릴 수 있다. 한마디로 말해 즐거이 돈을 빌려 줄 것이다. 그것을 알고 있었기에 목사는 더욱더 돈을 빌려 달라고 할 수가 없었다.

그렇다고 하여 1엥의 돈을 가지고서는 아무리 생각해도 중국 대륙에의 출발은 무리이다. 그런데 출발은 내일 아침으로 다가서고 있었다.

'옳지, 동생한테 빌리자.'

목사는 그렇게 생각했다. 그런데, 동생은 요꼬하마(横濱)에 있었다. 이제는 전보를 친다고 하더라도 시간에 맞출 수가 없다.

'그렇다, 도지(門司)의 그 사람에게…….'

도지(門司) 역은 중국으로 가는 도중에 통과한다. 그런데 그렇게 생각은 했지만 목사의 마음은 개운치가 않았다.

'이것은 역시 사람만을 믿고 있는 것이 아닌가! 왜 아버지이신 하나님께 기도하지 않는 것인가!'

그래서 선생은 무릎을 꿇고 기도하기 시작했다.

"아버지 하나님, 저는 빚을 회계한테 갚고 지금 단돈 1엥 밖에 없습니다. 그러나 돈을 써버리고 출발을 못한다니 말이 안됩니다. 저의 체면에 관계되는 일입니다. 어떻게든 필요한 돈을 허락해 주십시오."

목사는 되풀이하고 또 되풀이하며 이처럼 기도했다. 그러나

154

그 기도에는 너무나 힘이 없었다.

'어째서 이처럼 기도에 맥이 없는 것일까?'

기도를 그만두고 목사는 생각을 해봤다. 그리고는 깨달았다. 지금 자신은 내일 아침 중국으로 향해 출발을 하지 못하면 전송을 나오는 사람들에게 체면이 안 선다는 자기 입장만을 생각하고 있다. 자신의 체면 따위가 무슨 큰 문제가 되는가. 하나님께서 이 자신을 중국을 위해서 참으로 필요로 하신다면 설령 1엥의 돈 밖에 없더라도 축복을 해주실 것이다. 구해야 할 것은 하나님의 영광과 하나님의 뜻이지 자신의 체면이 아니다.

그렇게 생각하자, 목사의 기도는 힘과 감사의 마음으로 넘쳤다.

"하나님, 1엥의 돈을 가지고 출발하는 것이 하나님의 뜻이라면 저는 1엥의 돈을 가지고 출발하겠습니다. 제가 중국으로 출발하는 것이 당신의 영광이 된다면 어떻게든 출발시켜 주십시오. 그러나 하나님의 뜻이 아니시라면 제발 출발을 만류해 주십시오. 제 자신이 병이 난다든가, 어머님의 건강에 지장이 생기든가 하는 형태로 말려 주십시오."

기도에 기도를 거듭하다가 그날 밤 늦게야 잠자리에 들었다.

이튿날 아침 잠을 깼다. 머리가 아프지나 않은가 배가 아프지나 않은가 열이 나지나 않은가, 하고 생각했지만 건강상태는 아주 좋았다. 또 어머니도 아무런 이상이 없었다.

역시 출발은 하나님의 뜻에 합당한 것인가, 하고 1엥을 주머니 속에 담고 호오후(防府) 역으로 향했다. 역에는 교회 신자들과 친지들이 많이 전송을 나와 있었다. 그 곳에 모인 모든 사람들은 목사님이 1엔 밖에는 가지고 있지 않다는 것은 꿈에도 생각지 못할 일일 것이다. 그런데 목사님의 마음은 평안했었다. 그때 전송을 나온 몇 사람인가가 목사님 곁으로 다가오더니 송별금을 전해 주었다. 목사님은 깜짝 놀랐다. 그의 생각에는 송별금을 받을 만한 곳에서는 다 받았다고 생각하고 있었기 때문이다. 그런데 13명이나 송별금을 내 준 것이 아닌가!

목사님은 여러 사람들의 전송을 받으며 호오후 역을 출발했다. 기차 속에서 헤아려 보니 송별금이 30엔이나 되었다.

얼마 후 기차는 도지에 도착했다. 그 곳에도 아는 사람들이 전송을 나와 있어 역시 송별금을 전달해 주었다. 15엔이었다. 목사님은 감사하며 규수(九州)로 건너갔다. 아직 그 당시는 세끼도(關門)터널이 없었다.

규슈에 기항하자 또 친지 두사람이 전송차 나와 있었다. 그리고 또 송별금을 주었다. 선생은 배 안에서 그 두사람이 건네 준 송별금 봉투를 열어 보았다. 그 순간 목사님은 아찔했다. 가슴이 뭉클해 오르는 것 같은 엄숙한 놀라움을 느꼈다. 이 두사람으로부터 받은 송별금이 2엔씩이어서 4엔이었던 것이다. 결국은 30엔, 15엔, 4엔, 합계 49엔이었다.

목사님은 배 안에서 눈물을 흘리며 하나님께 감사했다. 목사님이 가난한 사람들을 위해서 교회에서 빌려 썼다가 돌려 준 돈이 49엔이었다. 하나님은 기도를 들으시고 그 49엔을 그대로 고스란히 1전의 과부족도 없이 갚아 주셨던 것이다. 이것이야말로 중국 전도에 나서는 그에 대한 하나님의 커다란 송별금이었다. 그것은 바로 하나님은 살아 계셔서 갚아 주신다는, 하나님으로부터의 부르심이며 응답이기도 했다. 그리고 또 중국 전도에서 어떤 곤란이 있더라도 항상 하나님은 우리와 함께 계신다고 하는 위로이기도 했다.

목사님은 그때 차근차근 생각에 잠겼던 모양이다. 허드슨 테일러라는 대부흥사가 이름이 전혀 알려지지 않았던 무렵에, 간신히 2엥을 마련하여 중국으로 건너갔다. 그런데 그때 다른 선교사들은 너무나도 가난한 허드슨 테일러에게,

"겨우 2엥을 가지고 전도를 시작하는 것은 하나님을 부끄럽게 하는 짓이오. 즉각 돌아가시오."
라고 멸시했다. 그런데 그때 무명의 허드슨 테일러는 웃음으로 태연스럽게 대답했다.

"나에게는 2엥 밖에는 없소. 그렇지만 2엥에 플러스 하나님의 은혜가 있소. 이것만 있으면 중국 전도는 가능하오. 예호바 에레 (하나님은 살아 계시다)."

이 에피소드에 자신 스스로가 감동하고 있었던 것은 아닐까?

"그렇다. 진실로 예호바 에레다."

이리하여 목사님은 즐거움에 넘쳐 현해탄의 거친 파도를 타고 중국으로 갔던 것이었다.

후년 이 이야기를 가가와 도요히꼬(賀川豊彦) 선생에게 이또오 목사가 이야기했던 바, 가가와 선생은 무릎을 치면서 "옳아,

옳아! 그런 일이 내게도 몇 번인가 있었어요" 라고 말했던 것이다. 아마 이런 일들은 정말 열심히 기도하는 생활을 하고 있는 사람들에게 있어서는 "옳아, 옳아! 내게도 그런 일이 몇 번인가 있었어요" 하고 무릎을 칠 것이 아닌가, 하고 나는 생각되는 것이다. 그리고 우리들 부부도 기도가 적은데도 몇 차례인가 그 기도가 정말 이상한 형태를 가지고 이루어지게 되는 일이 수없이 있었다.

세상에는 하나님이 없다느니, 하나님은 인간이 만들어 낸 것이라느니 말하는 사람이 많이 있다. 나 역시 옛날에는 그렇게 생각하고 있던 한 사람이었다. 그런데 확실히 기도에 응답해 주시는 하나님이심을 체험하게 된 때, 나는 이 기도에 관해 쓰지 않고는 견딜 수 없었다.

문재(文才)로 말한다면 나는 아직도 미흡하기 짝이 없는 자이다. 그런데 그러한 내가 13년 전 아사히(韓日) 신문의 현상 소설에 응모하여 7백 30명이나 되는 응모자 가운데 내가 당선되었다고 하는 사실은 역시 기도의 응답이었다고밖에 생각되지 않는 것이다.

물론 들어주시지 않는 기도라는 것도 있다. 그런데 그것도 역시 하나님의 뜻일 것이다. 어린 아이들이 아무리 졸라대더라도 우리들 어른이 들어주지 않는 일이 숱하게 많다. 삼척동자에게 자동차를 사주는 부모는 없을 것이며, 집을 지어 줄 어버이도 없을 것이다. 권총이나 칼 따위를 줄 수도 없을 것이다.그것은 부모에게 사랑이 없기 때문이 아니고 부모의 사랑이 넘치기 때문이다.

　또 하나님이 기도를 들어주시지 않는 게 아닌가, 하고 생각되는 시기가 있다. 나에게도 그런 경험이 있다. 또한 5년간을 기도해도 신자가 못된 사람이 6년째에 신자가 되어, 이제 와서는 교회 안팎에서 참으로 훌륭한 활약을 하고 있기도 하다.

　가령 기도의 응답이 있든지 없든지간에 우리들은 인간으로서 거룩하신 하나님께 기구하면서 살아가야 한다. 그것은 자기를 위해서라기보다는 하나님을 위해서인 것이다. 인간은 하나님을 위해서 살아가게 만들어져 있는 것이다. 하나님을 등지고 살면서 진실로 행복한 생을 보내는 인간을 나는 보지 못했다. 항상 하나님께 묻고 기도하며 살아가기를 바라 마지 않는다.

제 12 장

기도는 세계를 바꾼다

화평케 하는 자는 복이 있나니. 저희
가 하나님의 아들이라 일컬음을 받을
것임이요.

「마태복음」 제5장 9절

기도에 관해 얼마 만큼 말해 왔으나 이것으로서 기도의 중요성에 대해 전부를 말한 것은 아니다. 아마 기도에 대해 전부를 말한다고 하는 것은 누구로서도 불가능한 일이 아니겠는가. 이 정도로 기도의 깊이는 깊고, 폭은 넓다. 이제까지 기도한 사람의 수만큼 기도에 대해 말해야 할 것이 있는 것이 아니겠는가. 나는 그렇게 생각하는 것이다.

이제부터 말하려고 하는 것은 지난날에 NHK 방송의 〈인생 독본〉에서 말한 것이지만, 지금 또 여기서 말해 보고자 한다. 이 이야기는 지금까지 몇 번인가 많은 선배들도 말해 온 이야기들이다. 그만큼 사랑의 마음을 사로잡아 온 것인지도 모르겠다.

몇 십년 전의 일이다. 가나자와(金澤) 가까운 곳에 나가오 마끼(長尾卷)라고 하는 목사가 계셨다. 이 목사님은 불교가 성행한 지방에 뛰어들어가 개척 전도를 시작했다. 개척 전도란 신자가 없는 땅에 복음을 전하는 일로써, 이것은 대단히 어려운 일인 것이다. 신자가 없기 때문에 헌금도 없다. 설교를 들으려고 오는 사람도 없다.

그런데 이 나가오 목사는 실로 5년간을 사람 하나 오지 않는 곳에서 주일날마다 열변을 토했다고 한다. 예배 설교이다. 예배는 일요일마다 그리스도 신자가 행하는 의식행위다. 신자가 오건 아니 오건 나가오 목사는 목사로서 그의 예배 설교를 계속했던 것이다. 듣고 있는 사람이라고는 부인과 그 품안에 안겨 있는 어린 자식뿐이지 않았겠는가!

만약 내가 전도자였다고 하면, 다음주일에도 또 다음주일에도 누구 한 사람 찾아오지 않는 곳에서 설교한다는 것이 도저히 불가능했을 것 같다고 생각된다. 하물며 열변을 토하는 일 따위는 상상도 할 수 없는 일일 것만 같다. 싱거운 생각, 허망한 생각이 들어 절망하고 그런 곳에서 떠나 버리게 될 것이다.

그런데, 나가오 목사는 절망하지 않았다. 왜, 절망하지 않았던가? 그것은 아마 나가오 목사 부부가 마음을 합하여 기도했기 때문임에 틀림없다. 하나님을 믿고 있었음에 틀림이 없다. 1년, 2년, 3년…… 한 사람도 오지 않는 곳에서 설교는 계속되어 왔다. 그것은 대단한 인내를 필요로 하는 일일 것이다. 게다가 궁핍은 말로 표현 할 수 없을 정도였다.

사람이 절망될 때에 절망을 하지 않는다고 하는 것은 그것 자체만으로도 대단한 일이다. 사람이 자신의 생활을 내팽개쳐 버리고 싶어질 때에 내버리지 않는다고 하는 것은 훌륭한 일이다. 그리스도교의 개척 전도에는 많든지 적든지간에 이 절망적인 상태가 계속되는 것이다. 그것을 타고 넘어서는 곳에 교회가 성립될 수가 있는 것이다.

이 나가오 목사는 실로 사랑이 깊은 사람이었다. 박해 속에 처해 있으면서, 가난한 가운데 처해 있으면서, 좌절하지 않고 전도하며 사람들에 대한 따뜻한 사랑을 불태우고 있었다. 그의 사랑을 말해주는 에피소드는 수없이 있다. 특히 걸인을 사랑하는 이야기는 유명하다.

걸인이 찾아오면 그는 반드시 따뜻한 쌀밥을 짓게 하여 그것으로 김밥을 말아서 주었다고 한다. 자신들은 잡곡밥을 먹고 있었는데도 불구하고 그렇게 했다는 것이다. 남이 그 광경을 보고,

"무얼 그렇게 일부러 밥까지 지어 걸인을 대접하는 것이죠."

라고 말하니, 부인은 이렇게 말했다.

"저 사람들은 언제나 차가운 밥이나 찌개기 밥을 먹을 뿐, 따뜻한 밥을 먹는 일이 없는 것입니다."

이렇게 말하며 그 일을 계속했다고 한다.

어느 해 정월 초하룻날의 일이었다. 사람들은 초하루 새해를 맞기 위하여 산에 올라갔다(일본에서는 신년 초하루에 신년을 축복하는 뜻에서 산에 올라가 해맞이를 하는 풍습이 있음). 그런데 걸인들 한 패거리가 그 해에 등을 돌리고 두 손을 모으고 있는 것이 아닌가. 그래서 사람들이,

"해가 뜨는 곳은 이쪽이 아니요?"

라고 주의를 주자, 걸인들은,

"우리들은 태양을 경배하러 온 것이 아닙니다. 나가오 선생에

게 축복을 드리러 온 것입니다."

하고 대답했다고 한다.

선생이 그 고장을 떠날 때, 걸인들이 역의 개찰구에 몰려와 잠깐이라도 좋으니 전송을 하게 해 달라고 애원을 했다. 역원이 그 참마음을 받아들여 무료로 플랫폼에 이 걸인 일단을 들여보내 주었다고 한다.

이렇게까지 불쌍한 사람들을 사랑할 수가 있었던 것은 역시 하나님에 대한 깊은 신뢰와 기도가 있었던 때문이라 하겠다.

'불쾌감은 전염한다.'

는 속담이 있다. 누구나가 한 사람이 찌푸린 얼굴을 하고 있으면 그것이 점차로 다른 사람에게 불쾌감을 갖게 한다는 뜻이 아니겠는가. 그와 반대로 사랑도 전염하는 것인지도 모른다.

이 가난한 나가오 목사의 집에 더 가난한 신학생이 굴러들어왔다. 이 신학생은 가난했을 뿐만 아니라 폐결핵을 앓고 있었다.

내가 폐결핵에 걸렸던 것은 1946년이었는데, 그 당시만 하더라도 나와 마주치는 아이들은 손바닥으로 입을 틀어막으며 급히 도망치듯 달아났던 것이다. 위문을 온 친척 중에는 방안에 들어오지도 않고 복도에서 소리를 지르듯 말을 건네고는 돌아간 사람들도 있었다.

폐결핵은 전염병이며, 더군다나 사망률이 결코 낮지가 않은 무서운 병이었던 까닭에 모든 사람들이 무서워하는 것도 당연했을 것이다. 1936년경까지만 하더라도 한번 결핵에 걸리면 셋집마저도 쫓겨났다고 한다. 물론 셋방도 하숙도 불가능하다. 그렇

166

게 꺼려하는 병이 폐결핵이었다.

이 가난하고도 가슴을 앓는 신학생을 나가오 목사 부부는 가족의 일원처럼 취급했던 것이다. 어린 아이들도 있었다. 목사는 자신도 가난했다. 거절하려면 얼마든지 거절할 이유가 되었던 것이다. 때를 가리지 않고 각혈을 하는 이 신학생을 배척한다 하더라도 어느 누구도 말을 하지 않을 것이다. 그런데 이 부부는 실로 할 수 있는 최대의 사랑을 베풀어 그를 융숭하게 대접해 주었다고 한다.

이 신학생은 그리하여,

"신앙은 사랑이다."

라고 스스로 알 수 있게 되었다. 사랑이란, 말로만 하는 것이 아니고 실천하는 것이라고 그 신학생은 깨달았다. 그 신학생이야말로 훗날에 '세계의 가가와' 라고 불리우게 된 가가와 도요히꾜(賀川豊彦) 목사이다.

가가와 목사는 뒷날에 고오베(新戸)의 아라이가와(新川)라는 빈민촌에 뛰어들어가 '사랑의 전도자' 로서 그 이름을 세계에 떨쳤다.

"사랑이란 밑을 닦아 주는 일이다."

라고 가가와 목사는 늘 말해 왔다고 하는데, 그것은 아마 나가오 목사 부부의 사랑 속에서 발견해 낸 말임에 틀림없다.

나는 항상 생각하기를, 인간이라는 자는 사람들로부터 많은 사랑을 받더라도, 은혜를 받더라도 그것을 분명하게 마음에 새겨둘 수는 없는 동물이다. 사랑을 받아 새기고, 은혜를 받아 새긴다고 하는 것, 이것은 사랑을 돌려 주면 되고, 무엇인가를 하여 은혜를 돌려주면 된다고 하는 것과 같은 간단한 것은 아니다. 받아새긴다고 하는 것은 그 사람이 살았던 것처럼 자신도 그 삶의 방법을 본받아 그 뜻을 계승해 나가는 것을 말한다.

가가와 목사의 위대함은 이 받아 새긴 것을 단단히 실행한 데에 있다고 하겠다.

"신앙이란 사랑이다."

라고 받아 새기고,

"사랑이란 밑을 닦아 주는 것이다."

라고, 그것을 실천한 데에 있다.

그런데, 이 가가와 도요히꼬 목사도 실로 기도하는 사람이었다고 들었다. 특히 가난한 사람, 몸이 약한 사람, 사람들 중에 무언가 남보다 못한 점이 있는 사람들에 대한 사랑이 깊었고, 그 상세함은 그 당시에 베스트셀러 「사선(死線)을 넘어서」에 나와 있지만, 기도는 다시금 사회를 위해, 세계를 위해서도 점점 광범위하게 확대되어갔다.

가가와 목사 자신이 일찍이 몇 차례인가 각혈을 하고 병에 고생했으며, 가난에 시달리면서도 이웃을 위해 기도하는 것을 그치지 않았다.

어느 날 아침, 가가와 목사의 모습이 보이지 않았다. 어디에 갔을까, 하고 가가와 부인이 찾아 헤매다 보니, 가가와 목사는 빈민가의 공동변소 곁에 웅크리고 앉아 기도하고 있었다고 한다. 그것은,

"제발 이 가가와를 세계에 전도하기 위해 써 주십시오. 미국으로, 유럽으로 보내 주십시오."
라는 기도였었다. 그날의 양식에도 쩔쩔 매는 병자가 기도하는 기도는 아니었던 것이다. 그 부인마저도 그 기도를 듣고 어이없어 했다는 이야기가 있다.

이렇게 되면 가가와 목사는 자신이 놓여진 상황조차 판단이 불가능한 인간이 아닌가, 하고 생각하는 사람이 있을지도 모르겠다. 무턱대고 "하느님, 하는님……" 하고 두 손을 모아 기도하고 있던 사람이라고 생각할는지도 모른다.

그런데 가가와 목사는 아주 훌륭한 학자이기도 했었다. 이론 가이기도 했었다. 가난한 사람들을 위한 공동구판장이나 당시 하층에서 천대받고 있던 농촌 공동체의 결성에 큰 영향력을 미쳤던 사람이다. 당시의 사회에 있어서 조직을 갖지 않았던 농촌을 하나의 공동체로 추진한다는 것은 매우 어려운 일이었을 것으로 상상되어진다. 상당히 치밀한 상황 파악과 확실한 이론, 그리고 관권을 두려워하지 않는 용기가 없이는 불가능한 큰 사업이었다.

공동변소 곁에서 부인을 놀라 자빠지게 하던 기도를 올리고 있던 가가와 목사는 그 10년 뒤에는, 기도했던 바 그래도 유럽으로, 미국으로 초청을 받아 전도 여행을 떠나게 되었다.

이리하여 이전에는 사는 집조차 제대로 없었던 가난한 신학생이 세계의 가가와로 되어 있었던 것이다. 그것은 바로 기적이라고도 말할 수 있는 것이었다.

가가와 목사는 뒤에 미국으로 유학을 떠났는데 교수에게서 책을 자주 빌려다 읽고는 했다. 그런데 빌려간 지 2, 3 일만 지나면 곧 되돌려 왔다. 다음 책도, 또 다음 책도 마찬가지였다. 그리하여 교수는,

'가가와는 책을 빌어는 가지만 충분히 읽지는 않는다.'
고 생각하고, 이렇게 질문을 던졌다.

"가가와 군, 이 책을 벌써 읽었나?"

"네 다 읽었습니다."

"그럼, 백페이지쯤에 무엇이 쓰여 있지?"

대답을 하지 못하리라 생각하고 질문을 했는데,

"네, 이것 저것에 대해 쓰여 있습니다."
고 질문이 떨어지기가 바쁘게 척척 대답을 했다. 교수는 놀라며 차근차근 질문을 했다. 어떤 것이나 선명한 대답이었다. 교수는 감탄해 마지않았다. "앞으로는 나의 허가 없이도 이 책장의 책을 자유로이 갖다 읽어도 좋다"고 말을 했다.

이런 정도의 열심가였으므로 실로 박학 다식(博學多識)하고 전문분야인 신학은 물론, 문학이나 철학, 더 나아가서는 정치학에도 일반과학에도 매우 조예가 깊었다. 가가와 목사가 남겨 놓은 방대한 저서들을 읽어 보면 그 사실을 잘 알 수가 있게 된다.

나는 큰일을 하는 사람은, 그 기도도 많다는 사실을 앞에서도 말한 바 있으나 가가와 목사 역시 실로 기도하는 사람이었다. 기도를 한다는 것은 참되신 하나님을 믿고 있다는 뜻이다. 그렇지 않다면 그것은 단순한 독백에 지나지 않는다. 기도를 할 수 있다

170

고 하는 것은 그것만으로도 하나님에 대한 신뢰가 두텁다는 뜻이다. 공동변소 곁에서 소리를 높여 기도하고 있던 가가와 목사이다. 아마 기도하는 마음이 넘쳐나면, 곁에 누가 있더라도, 아무리 혼잡한 가운데서라도, 광야에서건 차 안에서건 열심히 기도했었다고 하는 것은 상상하기에 여간 어렵지가 않은 일이다.

내가 존경하고 있는 혼다 히로시(本田弘慈)목사나 이또오 에이이찌(伊藤榮一) 목사도 그처럼 기도했으므로, 가가와 목사도 완전히 그와 같이 했던 것으로 생각된다.

더욱이 가가와 목사는 이따금 뜨거운 눈물을 흘리며 기도했다고 한다. 특히 중국, 한국, 동남아시아 제국을 위해서 날마다 뜨거운 사랑의 마음으로 기도했다고 한다.

뒤에 제 2차 세계대전이 발발하여 일본은 중국으로 파병을 했다. 중국 대륙은 전화로 불바다를 이루었다. 도처에서 죄도 없는 아낙네들, 아이들이 죽임을 당했으며, 그 가운데서도 남경(南京) 학살 사건은 독일 가스실에 비견될 정도로 잔학하기 이를 데 없었다. 당시, 중국의 총통 장개석(藏介石)은 이렇게 말했다고 전해지고 있다.

"일본은 지독하다. 일본은 잔학하다. 그렇지만 오늘도 가가와 선생이 뜨거운 눈물로서 이 중국을 위해서 기도하고 있다는 사실을 생각하면 일본을 미워만 할 수는 없다."고.

이리하여 몇 년인가 지난 후 일본은 폐전을 했다. 당시 중국에는 일본군 및 일본 민간인이 2백여 만 명이 있었다고 한다. 패전 국민이 된, 그 2백여 만 명의 일본 사람들은 중국인의 보복행위를 매우 두려워했던 것이다.

전쟁중에 중국인을 압박하고 잔학한 취급을 했던 일본인들로
서는 그것은 당연한 공포였다. 가라후또(樺太)에 있던 일본인의
대부분은 소련군을 위한 함포사격이나 공습에서 죽어 갔다. 미
국에 있던 일본사람도 대부분은 포로수용소에 들여보내졌다.

그런데 중국에 있던 일본인은 어떠했던가? 놀라운 사실은 귀
국을 하고 싶어하는 자는 모두가 무사히 귀국할 수 있었던 것
이다.

왜, 그랬었던가? 장개석의 다음과 같은 말에 의해서였다.

'일본인에게 위해를 가하거나 그 물자를 약탈하는 자는 극형
에 처한다.'

그 포고에 의해 중국에 있던 일본인은 무사히 귀국할 수가 있
었던 것이다. 아니, 그뿐만이 아니다. 장개석은 자기 나라를 황폐
화시켰고, 많은 백성들이 목숨을 빼앗겼는데도 일본에 대해서 배
상금도 청구하지 않았다.

패전 당시 또 이러한 일도 있었다.

'일본 분할설'이다. 북해도 및 동북은 소련에게, 시꼬꾸(四
國)・규슈(九州)는 중국에, 그 밖은 미국에 영유된다는 안이 소
련에 의해 제출되었다. 그런데, 이에 강력히 반대를 한 것 또한
장개석이었다. 장개석은 가가와 도요히꼬 목사의 뜨거운 기도를

잊을 수가 없었다고 말하고 있다.

이렇게 생각해 볼 때, 나는 새삼스레 한 사람의 기도가 얼마나 큰 힘이 있는가, 하고 생각하게 된다. 만약에 나가오 목사가 5년간 누구 한 사람도 찾아오지 않는 교회에서 절망하고 있었다고 한다면 세계의 가가와는 탄생되지 않았을 것이다. 아무런 보답이 없더라도 하나님께 믿음으로 기도하고 있었기에 가가와 목사가 탄생한 것이다. 그러나 만약 가가와 목사가 기도의 사람이 아니었더라면 장개석의 가슴을 격렬하게 칠 수는 없었을 것이다. 그렇지 못했더라면 일본은 어쩌면 갈갈이 찢기워져 세계의 지도로부터 사라져 갔을지도 모를 일이다. 가가와 목사의 끊임없는 기도가 일본을 구원하는데 어떻게 크게 이바지했던가, 새삼스럽게 나는 한 사람의 기도의 위대성을 생각지 않고는 차마 그대로 있을 수가 없는 것이다.

우리들은 걸핏하면 나 한 사람쯤이야 어떻게 살아도 상관없다고 생각해 버린다. 그런데 나가오 목사를 생각하고, 가가와 목사를 생각할 때 우리들의 그러한 생각은 바로잡아진다. 한 사람이 생활 자세는 아주 중요한 것이다. 그 생활 자세를 지탱하는 기도는 더욱 긴요한 것이다. 아무도 알아주지 않아도 좋다. 누구 하나 보아주지 않아도 좋다. 우리들은 인간으로서 기도해야 할 일을 진실로서 기도하면서 살아가고 싶다.

자신의 혼을 위해서, 가족의 생활 자세를 위해서, 이웃 사람들의 행복을 위해서, 이 나라의 정치의 상황을 위해서, 미국을 위해서, 중국을 위해서, 한국을 위해서, 동남아시아를 위해서, 유럽을 위해서, 남미주를 위해서, 오스트레일리아를 위해서, 모든 인류를 위해서, 사랑과 겸손의 마음을 가지고 기도해 나가고 싶다. 세계의 한사람 한 사람이 그러한 기도를 하게 될 때에 자신도 변하고 세계도 변하게 될 것이 아니겠는가!

예수가 가르치신 기도

나더라 주여, 주여, 하는 자마다 천
국에 다 들어갈 것이 아니요, 다만 하
늘에 계신 내 아버지의 뜻대로 행하는
자라야 들어가리라.

「마태복음」 제7장 21절

이책은 미우라 아야꼬의 진면모를 볼 수 있는 가장 좋은 책인 「기도
의 장」이라고 하겠다.
여기 세계적으로 가장 권위가 있다는 「주기도의 강해」를 참고로 덧
붙였다. 독자들에게 많은 도움이 될 것이다. —역자 주(譯者註)

기도는 신앙인의 호흡이요, 종교의 맥박이며, 기독교의 생명이라고 말들을 한다. 기도는 하나님과 신자이 대화이기 때문이다.

이 대화 관계가 바르게 끊임없이 지속되어 나갈 때 비로소 '성도'의 생활이 건실하게 되어지는 것이다. 예수께서도 기도로 우리에게 모본을 보이셨다. 마음이 민망하거나(「요한복음」 12장 27절), 고민이 있을 때(「마태복음」 26장 38 · 39절), 어려움이 닥쳐올 때(「마태복음」 4장 1절의 광야에서의 시험, 26장 38 · 39절의 겟세마네 동산에서, 「누가복음」 23장 34절의 십자가 위에서 운명할 때) 등에 특별히 기도를 하셨던 것이다.

기도는 예수의 생활이요 곧 정신이었다. 그러므로 새벽에나(「마가복음」 1장 35절) 밤에도(「마태복음」 14장 23~25절), 세례 받으실때나(「누가복음」 3장 21절), 병을 고친 후에도(「마가복음」 1장 35절), 제자를 선임할 때도(「누가복음」 6월 12절), 변화산상 위에서도 (「누가복음」 9장 28 · 29절), 나사로를 살리실 때도(「요한복음」 11장 45절) 기도를 하셨던 것이다. 또 전도를 시작할 때 (공생애의 시작)도 기도로 시작하여(「마태복음」 4장 1절의 광야에서), 끝마칠 때에도 기도로(「마태복음」 26장 39절), 일생을 끝마칠 때도 기도로 끝마치셨다(「누가복음」 23장 46절).

주기도는 예수께서 제자들의 요청에 따라 사람에게 보이기 위한 유대교의 외신적 기도와(「마태복음」 6장 5절) 이교도들의 중언부언하는 형식적 기도(「마태복음」 6장 7절)의 결함을 시정키 위해 가르치신(「누가복음」 11장 1~4절) 57자의 원문으로 된 짧은 기도로서 외형보다는 내용, 형식보다는 정신면을 강조하신 모본적 기도이다.

주기도는 두 복음서에만 있다(「마태복음」 6장 9~13절, 「누가복음」 11장 2~4절). 「누가복음」의 주기도는 「마태복음」의 것보다 짧다. 특별한 것은 「누가복음」에는 '송영' 이 없다. 주기도는 간결하면서도 심오한 교훈과 완벽한 조직적 구성을 보여 주고 있다. 먼저 기도하는 대상을 부르고, 여섯 가지의 기도 조목과 송영으로 끝난다.

제 1부는 하나님의 이름과, 나라와, 뜻에 관한 세 조목으로서 하늘에 관한 것이고, 제 2부는 우리의 양식, 사죄, 구원 등에 관한 세 조목으로서 땅에 속한 것이다. 그런데 하나님과의 관계, 물질과의 관계(일용할 양식), 인간과의 관계등 셋으로 분류하는 학자들도 있으나 아무튼 주기도 역시 십계명과 같이 하나님과 인간에

관한 것이다.

어떤 이는 주기도를 가르켜 피조물이 창조주 되시는 하나님께 드리는 기도와, 죄인이 구속주를 향해 드리는 기도라고도 말한다.

예수께서 우리에게 하라고 명령하신 것 두 가지가 있으니 성만찬(「마태복음」 26장 26~29절)과 주기도(「누가복음」 11장 2~4절)뿐이다. 그러므로 주기도는 초대 교회 때부터 사용해 온 것으로 보여진다. 기원 350년경 예루살렘 교회의 장로 '기릴'이 성모교회에서 그의 유명한 24개조 교리문답을 실시했는데, 그 내용을 통해서 그 당시 교회에서 예배 때에 주기도문이 송독되어졌었음을 알 수 있다. 예루살렘 교회에서 주기도문이 성찬식 전에 올리는 성계를 위한 기도 후에 송독되었졌다고 한다. 또 세례받을 후보자는 수세 직전이나 직후에 배웠는데, 한 마디 한 마디의 설명에 이어 읽어 주면 교인들이 따라 외웠다고 한다.

'하늘에 계신'이란 말에는 두 가지의 의미가 있다. 첫째는 어디든지 계신다는 뜻이요, 둘째는 전지전능하시다는 뜻이다. 하나님은 무소부재(無所不在), 무소부지(無所不知)하신 영적 아버지이시다. 이 '하늘에 계신'이란 말은 꼭 지리적 위치만을 가리키는 말은 아니다. 하나님은 존귀와 영광과 권세 가운데 계시며, 이 세상의 시간과 공간, 모든 자연계로부터 초월해 계시는 존재이시다. 그러므로 하나님은 우리의 기도를 다 들으신다.

'하늘에 계신 우리 아버지'라는 말은 마음속으로부터 우러나올 때 비로소 기도는 산 기도가 된다. 그 기도는 응답받는 기도가 된다.

그리스도 신자들이 하나님을 '우리 하버지' 라 부르는 것은 오묘하고도 신비에 넘치는 말인 것이다. 이것은 예수가 처음 시작한 것은 아니며, 시성(詩聖) 호머 이후 이런 사상이 전래되어 온 것이라고 말하는 학자들이 많다.

「구약성서」(「신명기」32장 6절)에서 하나님을 '아버지' 라 불렀으나 이는 아들된 감정으로서라기보다도 민족의 아버지(국부), 또는 종으로서의 감정에서 '아버지' 라고 부른 것이다.

예수는 기도의 대상으로서 아버지라고 불렀다. 예수는 하나님의 아들이시다. 참사랑의 부자 관계는 아침 저녁으로 만나고 싶고, 안보면 보고 싶은 관계인 것이다.

아버지의 사랑은 탕자를 기다리다가 잔치를 베푸는 아가페적 사랑이지만, 아들이 잘못을 저질렀을 때 징계를 하는 것도 아버지의 사랑이다(「히브리서」12장 7·8절). 아버지의 간구는 얻기를 꼭 바라는 기도가 아니고, 응답이 있어도 좋고 거절을 당해도 좋은 것이다.

주기도에는 '우리……' 라는 말이 여러 번 나온다. 우리라는 말은 기도의 과제가 개인에 관한 문제가 아니라 형제 자매, 인류 전체의 문제가 되기 때문이다. 그러므로 개인의 이익보다 전체의 이익을 위해 기도해야 한다. 그렇다고 개인이나 사사로운 기도를 하지 말라는 것은 아니다(「고린도 후서」12장 8절).

하나님을 '아버지' 라고 부르며 기도하는 사람에게 원수가 있을 수 없고, 너와 나의 구별이 있을 수 없다. 하나님을 '우리 아버지' 라고 부르고 믿는 사람은 선인이나 악인이나, 이스라엘인이나 이방인이나 모두가 같은 형제요 자매이기 때문이다.

세상의 모든 것이 각각 이름을 가지고 있다. 모든 것은 그 이름에 부합되는 내용과 자질을 갖추고 있고, 또 갖추어야 된다. 그럼 하나님의 이름은 어떠한가? 유대인들은 하나님의 존재와 그 능력을 믿기 때문에 따로 이름이 필요 없었다. 하나님은 다른 신과 비교될 존재가 아니므로 이름을 지어 부를 필요 없었다. 이스라엘 사람들은 하나님의 이름을 부르는 것을 두렵고 황송하게 여겨, '여호와(예호바)' 라 하지 않고 '주(Adonai)' 라 불렀다. 옛날에 임금은 따로 이름이 없고 '왕', '임금', '상감' 이라고만 부른 것과 마찬가지다. 하나님은 모세에게 "나는 스스로 있는자"(「출애급기」 3장 14절)라고 했다. 절대적 존재자라는 뜻이다. '주' 라고 부르는 뜻은 무엇인가? ① 최고 존경의 뜻이다 — 하나님보다 더 높은 존재는 없기 때문이다. ② 주인이라는 뜻이다 — 주권자, 권세를 잡은 자, 소우주, 즉 만물의 창조주라는 뜻이다. ③ 하나님의 지고지존(至高至存)하신 신성을 인정하는 뜻이다 — 이것은 곧 우리 신앙고백으로서 찬양과 예배를 드리게 된다.

하나님을 거룩하게 여기는 정신은 모세나 시나이 산에서 받았다는 '십계명' 에도 나타나 있다. "너희 하나님 여호와의 이름을 망령되이 일컫는 자를 죄 없다 아니하리라"고 제 2계명이 가르치고 있다. 여호와의 이름이 거룩하게 여겨지기를 바라는 것은 십계명에서 주기도로 관류(貫流)되는 하나님 공경의 정신이요, 구약 시대에서 신약 시대로 이어져 내려온 진리이다.

하나님은 거룩한 존재임을 인식해야 한다(「이사야」 6장 3절), 하나님 앞에서는 신발을 벗었으며, 가까이 가지도 못하고(「출애굽기」 3장 5절, 「여호수아」 5장 5절), 얼굴을 가리우고 감히 처다보지도 못했다(「출애굽기」 3장 6절, 「열왕기」상 19장 3절). 그러나 타락한 인간은 하나님을 알면서도 영화롭게 하거나 감사하기는커녕, 오히려 불멸의 하나님 대신 썩어질 인간이나, 태양, 달, 심지어는 짐승이나 새, 뱀이나 나무, 돌 따위 우상을 섬기기도 한다(「로마서」 1장 23절).

높고 거룩하신 하나님을 바로 인식할 때에야 아버지와 아들의 관계가 바로 성립될 수 있다. 자녀들의 선한 행위는 부모에게 영광이요, 악한 행위는 욕을 돌리게 된다. 하나님의 이름이 거룩되도록 살아가는 것이 인간의 본분이요, 완전한 인간으로 되는 길이다.

'나라' 는 하나님의 주권이 행사되어지는 하나님의 나라이다. 그 나라는 화평의 나라요, 사랑의 나라요, 기쁨의 나라이다(「로마서」 14장 17절).

이 하나님의 나라는 그리스도를 믿는 자들 각자의 마음에서부터 비롯되어서, 교회에서 확장되어 새 하늘과 새 땅에서 완성되어지는 나라를 뜻한다.

'임하옵시고' 는 하나님의 나라를 실현시켜 달라는 기도이다. 이 하나님의 나라는 사람의 행동과 역사로 이룩되는 것이 아니요, 이같이 하나님의 통치하에 순응해 나갈 때 이룩되는 나라인 것이다.

하나님의 나라는 너희 안에 있다(「누가복음」 17장 25절)고 했으니, 그리스도를 모시고 사는 자의 마음이 곧 하늘나라임을 암시해주고 있다. 사람이 거듭나지 않고는 하나님나라를 볼 수 없다고 했으니, 그리스도 안에서 새 사람이 된 자에게만 임하는 이상의 나라이다.

하나님의 나라는 착하고 충성된 자가 들어가 안락을 누리는 곳이요(「마태복음」 21장 14~30절), 그 나라에서 가장 큰 자는 섬기는 자라고(「마태복음」 10장 43절)하였으니, 하나님의 나라의 실현을 위해서는 회개하고 충성된 일꾼으로서 섬기는 자가 되어야 할 것이다.

'뜻이 하늘에서 이룬 것같이 땅에서도 이루어' 지기를 간구하는 기도도 하나님의 뜻이 이 땅에 이루어지기를 기도하는 것이다. 예수는 겟세마네의 기도에서 "내가 하고자 하는 대로 마옵시고 오직 아버지의 뜻대로 하옵소서" 라고 기도했다. 하나님의 뜻은 '인류 구원의 경륜' 이시다. 이 뜻이 하늘에서 완성되어지고 있다(「시편」 103편 19 · 20절). 이와 같이 땅에서도 그의 높으신 뜻이 유감없이 성취되어지기를 기구하는 것이다.

'땅에서도' 란 이 기도의 특색이다. 나라가 임하기를 기도할 때에는 그 장소를 지적하지 않았으나, 여기서는 '땅에서도' 라고 밝히고 있다. 하나님의 뜻이 이루어지는 곳에 하나님의 나라가 임하게 될 것이요, 그 나라에서만 하나님의 이름이 거룩히 여김을 받을 것이다. 이 '땅' 이란 말씀의 씨앗이 30배, 60배, 또는 100배의 수확을 거두는 장소가 된다. 그리스도 신자된 자는 모름지기 하나님의 뜻이 이 땅에 실현되기를 위해 힘써야 할 것이다.

"오늘날 우리에게 일용한 양식을 주옵시고"라고 한 것은, 육신의 양식과 영혼의 양식 모두를 의미하는 것이다. 성경에는 '사람의 떡(육신의 양식)으로만 사는 것이 아니라 하나님의 입으로 나오는 모든 말씀으로 사는 것이다."(「마태복음」 4장 4절, 「누가복음」 4장 4절, 「신명기」 8장 3절)라고 기록되어 있다. 인간이 살아 나가는 데에는 육체를 지탱하기 위한 영양을 섭취하는 것 못지않게 정신 또는 영혼의 영양도 중요함을 뜻하는 말이다. 우리는 이것들을 날마다 하나님께서 내려 주시기를 기도해야 하는 것이다.

사죄의 기도는 과거의 죄의 사함을 바라는 기도요, 시험에 들지 않기를 바라는 기도는 죄의 예방을 위한 기도요, '악에서 구하옵소서' 는 현재의 상태에서의 구원을 바라는 기도이다. '다만' 이라는 접속사 때문에 앞뒤의 두 마디가 한 기도냐 두 기도냐 하는 의견의 엇갈림이 있기도 하다.

시험에 들지 않기를 바라는 기도는 소극적이요, 악에서 구하옵소서는 적극적인 기도이다. 악에서 도피하는 것만으로서는 만족스럽지 못하며, 이것을 근본적으로 끊으려는 태도여야만 한다.

'시험' 에는 두 가지의 의미가 포함되어 있다. 첫째는 시련의 뜻이다. 하나님께서 선의로서 인간을 시험하시며 연마하시는 경우를 말한다. 이런 시련을 통해서 사랑하시는 자녀들을 더욱 강

건케 하신다.

둘째는 유혹이다. 사탄이 인간을 죄악의 포로로 삼기 위해 악의의 목적을 고통 또는 쾌락에 빠뜨리는 경우를 말한다.

예수가 광야에서 시험을 당한 것은 유혹이었다. 시련은 받는 자를 단련시키는 목적이 숨겨져 있으나, 유혹은 타락으로 이끄는 데에 목적이 있으며, 여러 종류의 유혹은 악마로부터 오는 것이다(「야고보서」 1장 13절).

주기도문의 시험에 들지 않기를 바라는 기도는 유혹에 빠지지 않게 되기를 바라는 기원이다.

어떤 경우에는 시련인지 유혹인지를 분간하기가 매우 곤란한 종류의 시험도 있다. 아담과 이브가 당했던 유혹은 유혹으로만 그쳤으나, 「욥기」의 주인공 욥이 당한 사탄의 유혹은 하나님의 시련으로 끝났던 것이다(「욥기」 1장 1절).

'악'이라는 말은 인격화시킨 악자(惡者), 악마를 가리키는 말이냐, 아니면 넓은 의미에서의 악(惡), 악한 것으로 보아야 할 것이냐로 그 의견을 달리한다. 악한 자란 악마의 총칭이다. 악한 자란 사탄만이 아니며, 사탄이 시키는 대로 악한 일을 하는 사람도 악한 자이다(「데살로니가 후서」 3장 2절). 이스라엘 백성을 괴롭힌 이집트(애굽)의 바로 임금이, 베들레헴의 어린 아이들을 학살시킨 헤롯 임금이, 예수를 십자가에다 못박아 매단 자들이 모두 악한 자이다.

인간에게는 악한(나쁜)환경이 있다. 그 환경을 떠나 살 수는 없으며, 그러니 무시할 수만도 없는 것이다. 인격의 향상과 정서의 순화를 파괴하려는 환경을 극복하고 탈피해야 한다. 우리 인간의 일은 거의가 죄요 악이다. 모든 인간이 악으로부터 구제받기를 바라는 기도문인 것이다. "악에서 구하옵소서"는 포위망에서 벗어나게 하소서, 또는 원수에게서 해방시켜 주소서, 라는 뜻이다. 죄의 근본이요, 악의 뿌리인 악마에게서 해방을 받지 않으면 악에서 구원을 받을 수는 없다.

"나라와 권세와 영광이 아버지께 영원히 있다"는 말은 이 기도를 들으시는 하나님이 모든 것을 지배하신다는 신앙 고백인 것이다. '대개'라는 말에는 "당신께 나라와 권세와 영광이 있사오니, 우리를 악한 자에게서 구원해 주시기를, 우리가 당신께 간구하는 까닭이다"는 뜻이 내포되어 있다. 나라와 권세와 영광이 하나님께 있음을 기도함은 시험과 악마를 이기기 위한 기도이다.

'아버지……'로 시작된 주기도를 '……아멘'으로 끝맺었으니, '아멘'은 신앙 고백의 최소 간결의 표현이요, 자신의 기도에 대한 재확신인 것이다.

종교개혁자 마틴 루터나 「하이델베르그 교리문답서」가 이 '아멘'에 관해서 말한 점에 대해서는 생각해 볼 만한 점이 있다. '아멘'이라 함은 "좋은 것이다"라고 루터는 단언한다. 다시 말하면 '아멘'은 "그렇게 이루어지길 원하나이다"를 의미하므로 우리가 기도할 때에 의심치 않고 신뢰한다는 것은 아니다. 기도는 시작했을 때처럼 "그렇습니다. 그렇게 되길 원합니다"라는 확신으로 끝맺어야 할 것이다.

186

"'아멘'은 하나님의 응답의 확실성이 우리의 요구나 소원에 대해 우리자신의 느끼는 확실성보다 더 크다는 것을 의미한다"고 「하이델베르그 교리문답서」는 명백히 선언하고 있다. 우리의 요구가 우리의 기도의 가장 확실한 요소는 아니며, 하나님께로부터 오는 그의 응답이 가장 확실한 요소인 것이다.